家練

TETSUYA
MATSUMOTO

ティングの
すべて

パッティングの上達は
家練次第

実際のラウンドでも
家練のイメージで
カップを狙えば

成功率
大幅アップ！

ショルダーストロークを

家練でマスター

狙った方向に打ち出す

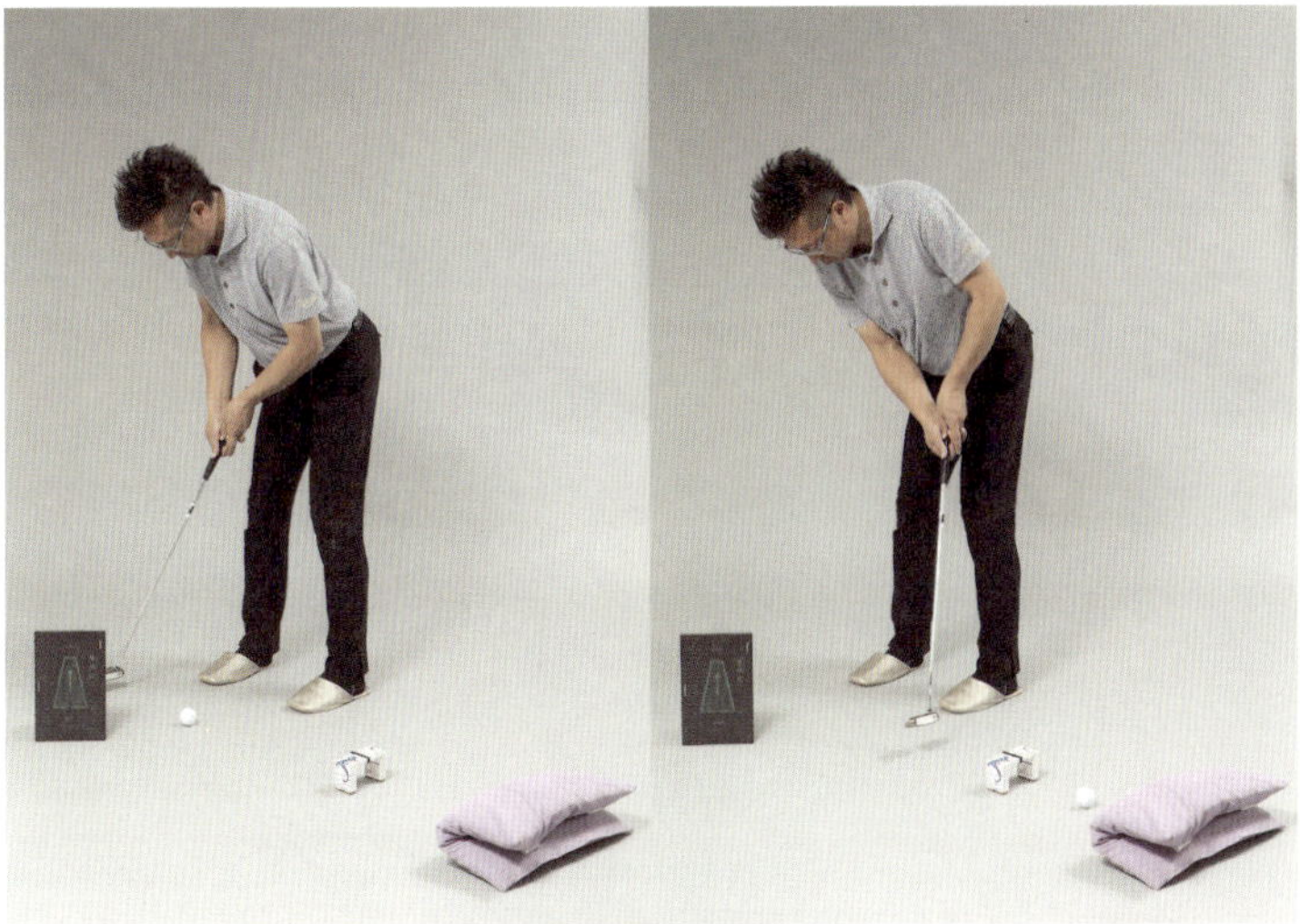

技術も家練で磨く

独自に開発した〝感育《感性を育てる》マット〟

これを使えば、距離感と感性が養える

アドレスの向き、ボールの位置はアドレスチェッカーで確認！

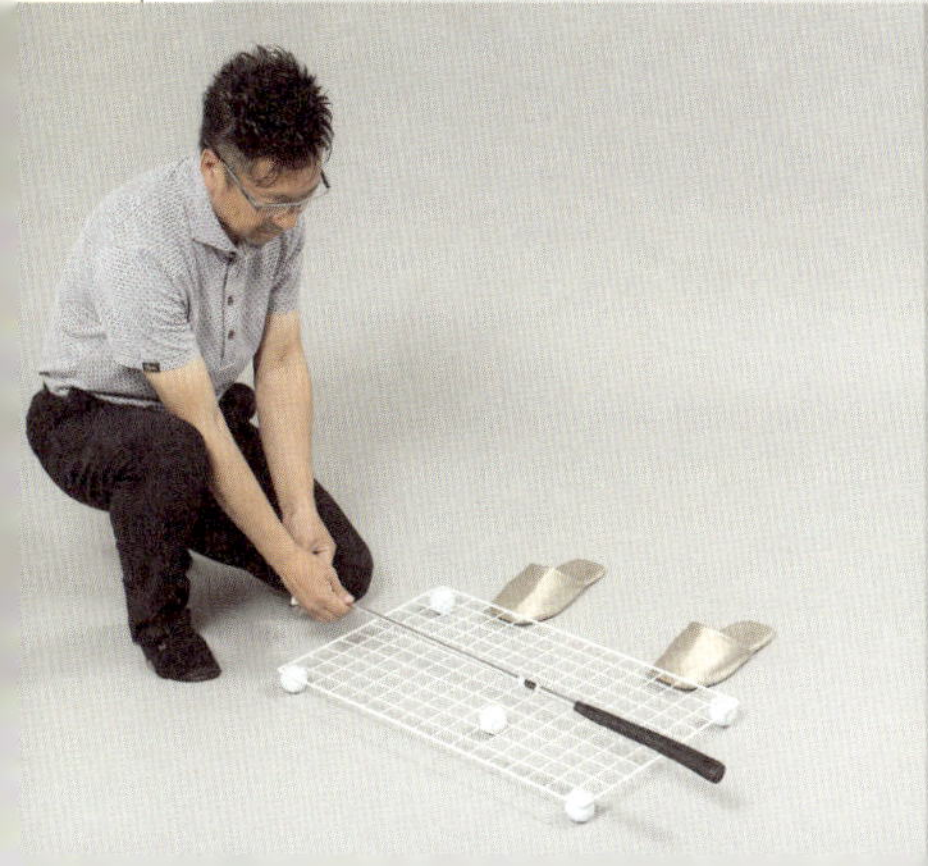

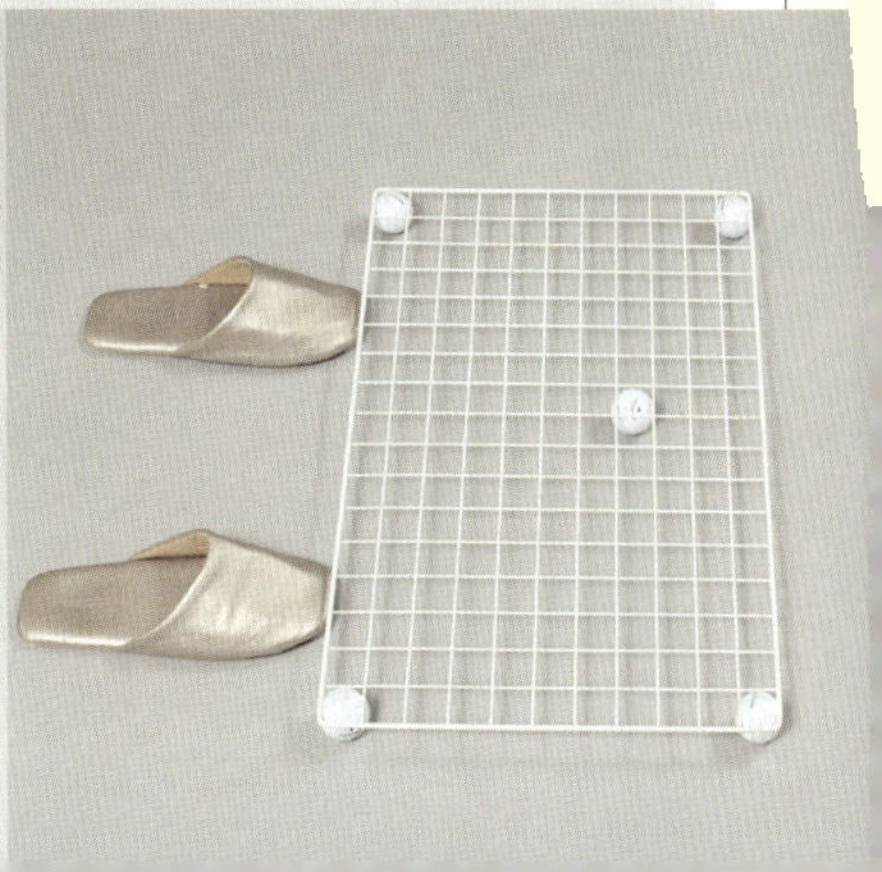

ラインの確認から
アドレス、
正しいストロークまで、
パッティングに関する
すべての技術を
伝える！

とことん上手くなる!

パッティング
家練《いえれん》
メソッド

PGAティーチングプロA級
松本哲也

日本文芸社

目次

第2章　パッティングのストロークと距離感をとことん考える

第3章　グリーンの傾斜の読み方をとことん考える

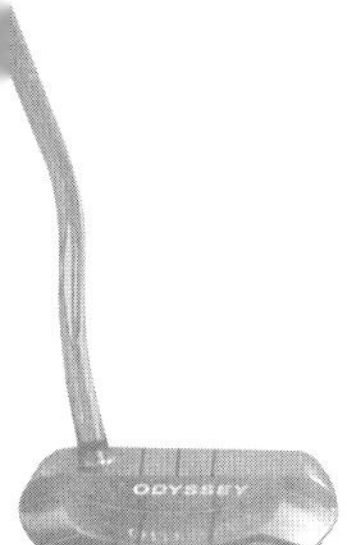
ODYSSEY

はじめに

皆様と私には、ゴルフに出会い、興味を持ったという共通点があるわけですが、私は長い年月、このスポーツに興味を持ち続け、ついには職業にしてしまいました。

私とゴルフとの出会いは少し変わっていると言えるかもしれません。その入り口は、「パッティング」でした。正確にはパターゴルフです。当時小学生だった私は父と一緒に行ったパターゴルフの施設で、実に感動的なひとときを過ごしました。それは、忘れもしない18番ホール。その施設の最終ホールは背丈ほどの上り坂の上にたたみ1畳ほどの平らなゴールステージがあるというもの。上り切らなければ戻ってくる、強すぎれば奥の壁で跳ね返り、坂を転がり落ちてくる。そして、そのゴールステージにはいくつかの丸が描かれており、その中に景品名が明記されていました。

かくして私が打ったボールは見事にゴールステージの「コーラ」のエリアに止まりました。その瞬間、私の人生は決まってしまったと言っても過言ではないような気がします。

あれから約40年、そのときの感動を忘れずにやってきたからでしょうか、「パッティングにおける感育…感性を育てる上達術」という指導方法で、「PGAティーチングプロアワード最優秀賞」を受賞することができました。また、今回は、パッティングに特化したレッスン本を執筆する機会にも恵まれました。

まずは私が、長い年月を経て辿り着いた考えや練習方法をご一読ください。皆様のパッティングが劇的に変わると信じています。

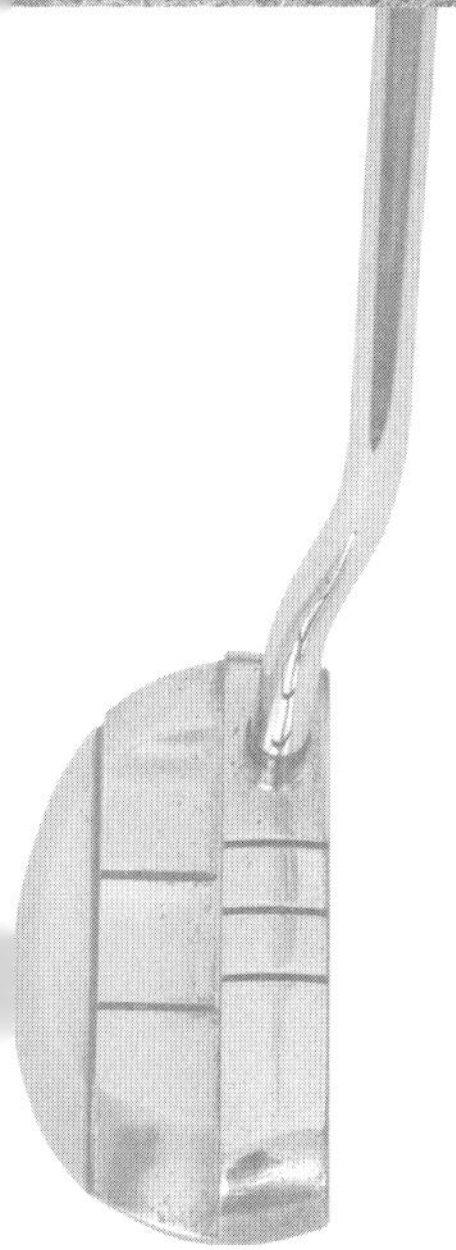

編集協力／真鍋雅彦
撮影／天野憲仁（日本文芸社）
カバーデザイン／佐野恒雄
本文デザイン・DTP ／(有)CREATIVE・SANO・JAPAN
撮影協力／ロックヒルゴルフクラブ、
ガーデン藤ヶ谷ゴルフレンジ、手賀ノ丘ショートコース
衣装協力／有賀園ゴルフ

序章
パッティングのモチベーションを上げる

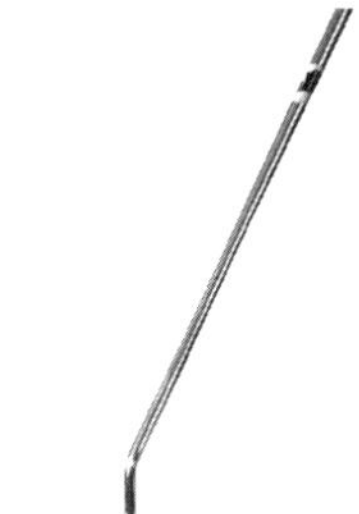

後まわしにしがちで、
何を練習すれば良いか
わかりにくい
パッティングの世界に
興味を持とう

パッティングは〝家練〟で上手くなる

ゴルフは、技術と感性が融合したスポーツゲームです。

ゴルフにおける技術とは、すべてのクラブでボールを芯でとらえ、効率良く真っすぐ飛ばす（打ち放つ）ということ。これに対して、ゴルフにおける感性とは、ボールの置かれているライ（ボールが止まっている場所の傾斜や芝の長さなど）や、放ったボールが空中で受けるであろう風の影響など様々なことを考慮しながら、無条件下（練習場のように平らで、無風に近い日の場合）より、距離がどう変化するのか、放ったボールがどのくらい曲がるものなのかを予想したり対処したりする感覚的調整力を意味します。

さて、ゴルフはラウンドする際、ドライバーからパターまで14本をキャディバッグに入れてプレーをすることができますが、ショットをカテゴリーで考えると、パッティング、アプローチショット、バンカーショット、フルショット

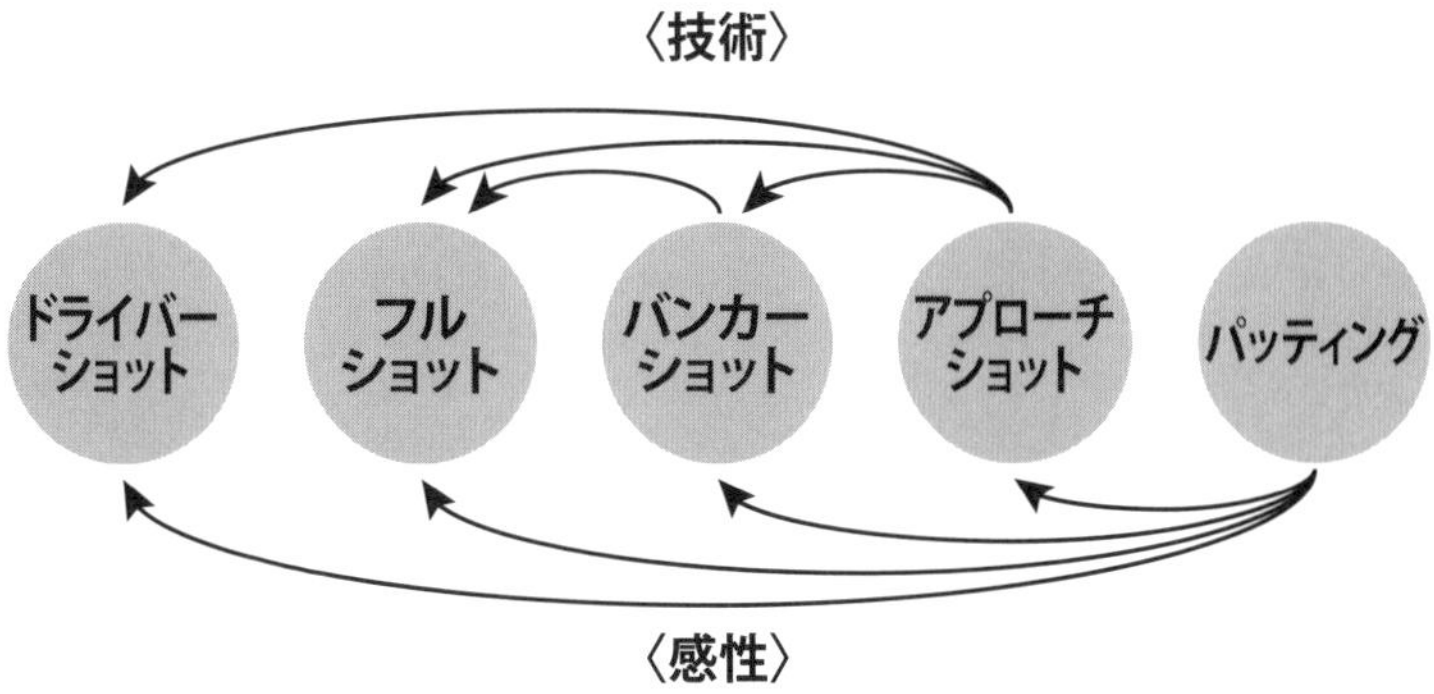

技術的には、パッティングは他の４つとは一線を画すが、感性に関しては、その原点がパッティングである

（アイアン・ユーティリティー・フェアウェイウッド）、そしてドライバーショットの5つのカテゴリーで成り立ちます。

この5つのカテゴリーが、技術と感性でどう絡み合っているかを考えると、上の図のようになります。

技術的には、アプローチショットからドライバーまでは関係性が高く、特にアプローチショットは他の3つに大きな影響を与えると考えられますが、**【パッティングの技術は、他の4つとは一線を画すと言えます。ですから、練習場で様々なクラブを練習することと平行してパッティングの技術を別に磨く必要があるのです（理由①）】**。

一方、感性に関しては、すべてのカテゴリーで距離感と曲がり具合をイメージしたり、マネジメントをする必要があるのですが、**その原点がパッティングである**と言えるでしょう。

アプローチからドライバーまでのショットの場合、放ったボールの距離感がイメージと違っていたり、曲がり具合が予想と大きく外れたとしても、それが外的要因によるものなのか、自分のミスなのかがハッキリとしません。特に、風の計算は曖昧で、風がいつも同じ方向に一定の強さで吹いているわけではないからです。

それに対して、**【パッティングでは、風が強い日以外は、打ったボールがどう転がるかは、グリーンの起伏によって決まり、打ったあとに起伏が変化することはないので、予想をしたり予想を実証したりすることが最もやさしいカテゴリーであると言えます。**

ですから、パッティングで距離感や曲がりを予想する感性を養い、ゲーム感を磨くことを楽しめなければ、すべてのカテゴリーの感性が育ちにくくなってしまうと言えます（理由②）】。

パッティングの重要性を認識しながら練習をしないアマチュアゴルファーが多い

そして、**裏表紙のデータです。ある程度ゴルフゲームを理解している人なら誰でも知っている、「ラウンド中に最も使う頻度が高いクラブはパターであるという普遍的事実（理由③）」**。

これら3つの大きな理由から、ゴルフゲームをもっと楽しみ、上達やスコアを縮めることを望むなら、パッティングについて興味を持ち、練習することが不可欠だと言い切れます。

にもかかわらず、「上達したい」、「ベストスコアを更新したい」というアマチュアゴルファーでも、パッティングの練習を軽んじてしまっているのはなぜでしょうか？

その要因は、ズバリ次の3つです。

①ショットの練習のように、運動して汗をかくといったスポーツ感（爽快感）が感じられない

②パッティング練習といっても、パターマットを買ってきて練習をするくらいしか思いつかない

③パッティングの練習はつまらなくてすぐに飽きる。また、たとえやったとしてもコースで成果が感じられない

さらに、アベレージ（中級者）からは、こんな声も聞こえてきます。

「パッティングは、コースに出て経験を積むしかないよ」。

確かに、そういう部分もあります。私自身、経験値が上がるほどにパッティングの腕前が上がった人を何人も見てきました。

しかし、パッティングにおいて、**〝経験〟が占める割合は、実はたったの2割しかありません。残りの8割の部分は、コースに行かなくても磨ける**のです。

いや、それどころか、「8割の練習なくして、コースの2割は学べない」といっても過言ではないでしょう。基本的な技術が身についていなければ、足繁

家練なくして、パッティングの上達はありえない

くゴルフ場に通っても、経験の積み重ねにはならないということです。
では、その8割をどうして磨けば良いのか。
この問題を解決してくれるのが、「家練」なのです。この後に続く第2~5章が、パッティングの練習を軽じている要因の②を解消します。パッティングへの理解を深めながら、確実に技術と感性を高めていきましょう。
そして、要因③に風穴を開け、パッティングのみならず、その他のカテゴリーへの感性の波及効果をも実感していただきたいと思っています。

パッティングが上手くなれば ゴルフも上手くなる

ここに驚愕のデータがあります（裏表紙にも掲げたデータ）。ゴルフに対して興味があり、「スコアをアップしたい」という思いを持っている人なら、この数字を見て、何が驚愕かがおわかりいただけると思います。

驚くべきは、**パット数が少ない人ほど、スコアに対するパット数の占める割合が高くなっている**ことです。普通に考えれば、パット数が少なくなるにしたがって、その割合も下がってきそうですが、そうはなっていません。これが何を意味するかというと、パット数が少ない人はショットの数も少ないということ。つまり、**パッティングの上手さとゴルフの上手さは比例する**ということです。

なぜ、このような現象が起きるのか。それは、パッティングが上達するにしたがって育まれた感性が、他のショットにもいい影響を与えているからでしょう。そういう意味でも、パッティングレベルを高めるべきなのです。

●スコアとパット数の関係

数万人のアマチュアゴルファーを対象とした調査に基づく(※松本哲也調べ)

年間平均スコア	18H 平均パット数	スコアに対するパット数の割合
70 台	31.98	42.60%
80 台	33.8	39.80%
90 台	35.37	37.20%
100 台	38.18	36.40%

パット数が減れば、ショットの数も減ることがこのデータによって明らかに

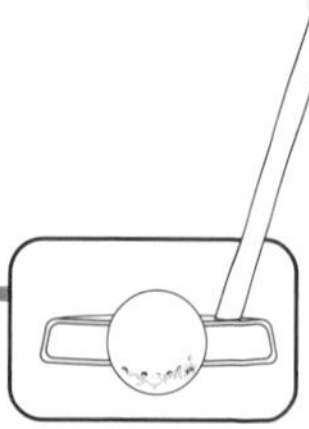

パッティング練習をすればゴルフがもっと楽しくなる

先述したように、ゴルフが上手くなるためには、単に技術を高めるだけなく、**感性を磨くことも必要**です。しかし、アマチュアゴルファーのほとんどは、〝技術の習得〟に多くの時間を費やしています。皆さんもそうではないですか？

もちろん、技術の習得に時間をかけることは悪いことではないのですが、そればかりをやっているとだんだん煮詰まってきます。たとえば、スライスに悩んでいる人が、それを克服するために多くの時間を費やしたとします。しかし、アマチュアゴルファーの練習量で、また、指導者がいない状況でスライスを克服しようとしても、なかなか直るものではありません。

そうこうしているうちにゴルフは難しいものだと思い始め、本来好きでやっているものなのに苦しさを覚え、**ストレス解消のつもりだったのが逆にストレスをため込む**といったことになりかねないのです。

ゲーム感覚で楽しめる練習で感性を高めていく

そんな状況に陥らないためにも、感性を育むための時間を設けることが必要です。なぜなら、**感性を育む時間というのは、技術を高める練習ほどストイックではなく、遊びの部分が多いから**です。

また、**感性を育むことで、距離感も養われ**ます。

ご存知のように、距離感というのは距離をコントロールしなければいけないパッティング、アプローチとバンカーショットで必要になり、全体のスコアの中の60～70%をこの3つが占めます。つまり、距離感が手に入れば、ゴルフのスコアが格段にアップするというわけです。

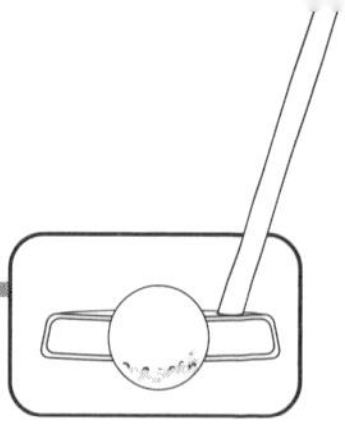

効果が期待できないパターマット練習

「パッティング上達のためには家練あるのみです」というアドバイスをすると、必ず複数の人から、「パターマットを使った練習をやっている」と言われます。しかし残念ながら、**パターマットを使った練習は、あまり意味がありません**。

なぜか？　パッティングが成功するかどうかは、いろいろな要素が絡み合ってきます。成功を１００％とすると、「ラインの読み」が50％、「アドレスの正確性」が40％、そして、「打ち方」が10％となります。つまり、**成否の50％（アドレスと打ち方）は家練にかかっている**ということになります。しかし、**パターマットを使うと打ち方の10％のみしか練習できません**。その理由は、パターマットだと、自分が構えるのではなく、〝構えさせられてしまう〟からです。

では、家練ではどんなことをすれば良いのか？　家練で確認しておくべきこと、また、練習のやり方を、次の章からじっくり説明していきます。

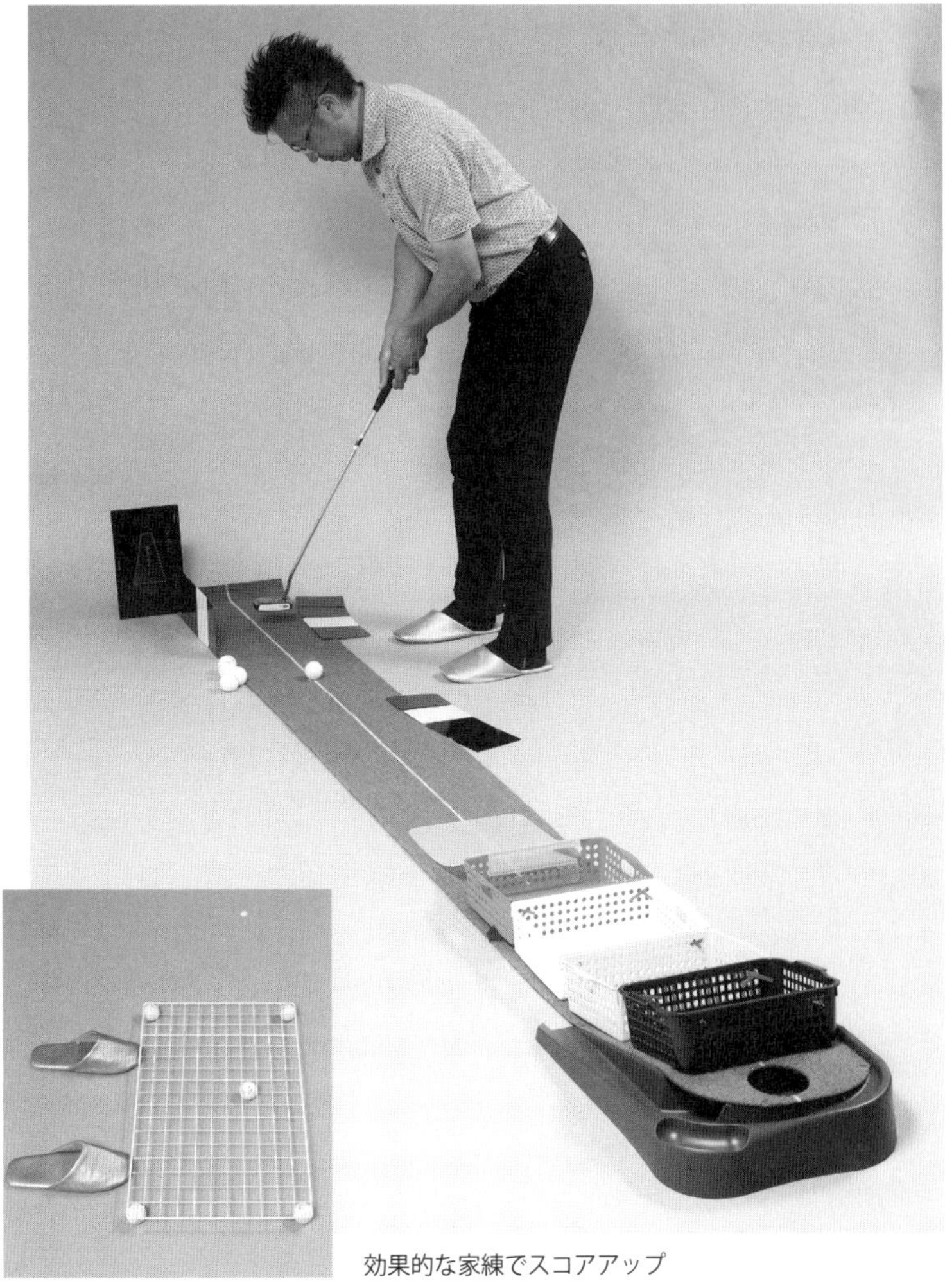

効果的な家練でスコアアップ

COLUMN 1

パッティングに素振りは無用

皆さんはパッティングの際、素振りをしますか？　私が見ている限り、ほとんどの人がパターを2〜3回振って構えに入っているようです。しかし、パッティングの素振りは、あまり有効とはいえません。それどころか、**素振りをしたことによってカップインの確率が下がる**場合もあります。

なぜ、素振りをしないほうがいいのか？　理由は2つ。第1の理由は、**パッティングの場合、自分が予定した振り幅は予行演習をしなくても表現できる**からです。第2の理由は、**素振りをすることで、アドレスに集中できなくなる**からです。ラインを読んだ時点で振り幅のイメージもできているでしょうから、そのイメージが鮮明なうちに構えて打ったほうが、間違いなく成功率はアップします。**パッティングは素振りなしのプレースタイルがベター**です。

第1章

パッティングのアドレスをとことん考える

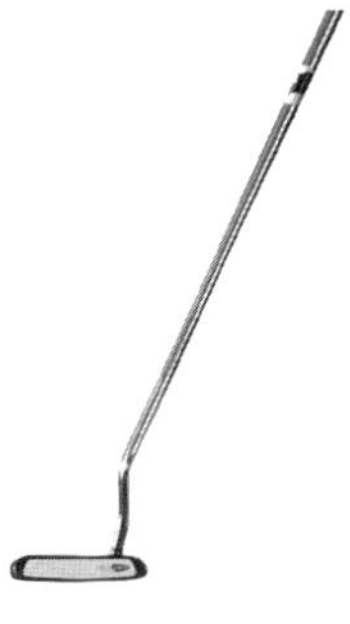

狙ったところに正確に構えられ、
見た目もスタイリッシュ
しかもストローク（打ち方）まで
良くなる、
最高のアドレスを伝授

パターにはパターに適した握り方がある

パターのグリップについて、皆さんは真剣に考えたことがあるでしょうか？私が知る限り、アマチュアゴルファーの多くは深く考えずに握っているように思われます。よく見かけるのが、ショットと同じグリップをしている人。そういうゴルファーに、「なぜ、同じ握り方をしているのか」と聞いてみると、「パターの握り方は自由だと聞き、よくわからないから他のクラブと同じ握り方でやってしまう」という答えが返ってくることが多いのですが、これは大きな間違いです。なぜなら、**パターと他のクラブは、まったく別物**だからです。

特にその違いがハッキリしているのが、ライ角です。**パターのライ角は他のクラブに比べてアップライト**に作られている（SWが63～64度に対して、パターが70度前後）ので、アイアンのグリップでパターのソールを平らに置こうとすると、左の写真のような不格好な構えになってしまうのです。

正しいグリップで持ったときのパターの構え

他のクラブに比べて、パターはアップライトに作られている

アイアンの握り方でパターを持ち、ライ角通りにセットするとこんな構えになる

左手親指側の肉球がグリップの上にくるように握る

では、パターはどう握ればいいのか？　まず、ドライバーやアイアンでフルショットをするときの握り方ですが、**左手は小指側の肉球（写真1（い））がグリップの上側に乗る形**になり、クラブに対して小指が直角（グローブの小指の線が真っすぐ）になります。また、アイアンの場合は、親指と人指し指を外した状態で、中指、薬指、小指の3本でクラブを支えられるのも特徴です。

それに対し、パターは、**グリップの上側に親指の肉球（写真1（あ））が乗るように握ります**。ただし、乗るといっても、グリップの上にわずかに乗っている感じ。そして、親指と中指でつまむように握ります。アイアンのときとは異なり、小指は斜めにグリップにあてがわれます。

また、左手に関しては、写真2のように**人指し指を必ず大きく空けておく（握らない）**のもポイントになります。

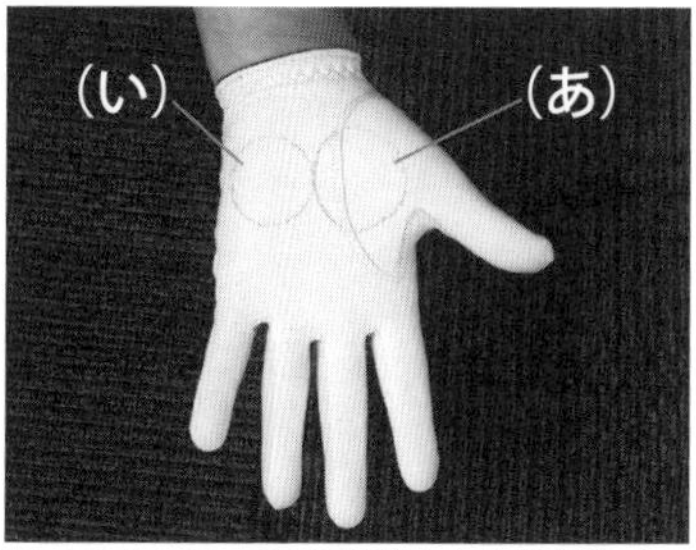

手のひらには、親指側(あ)と小指側(い)の2つの肉球がある（写真1）

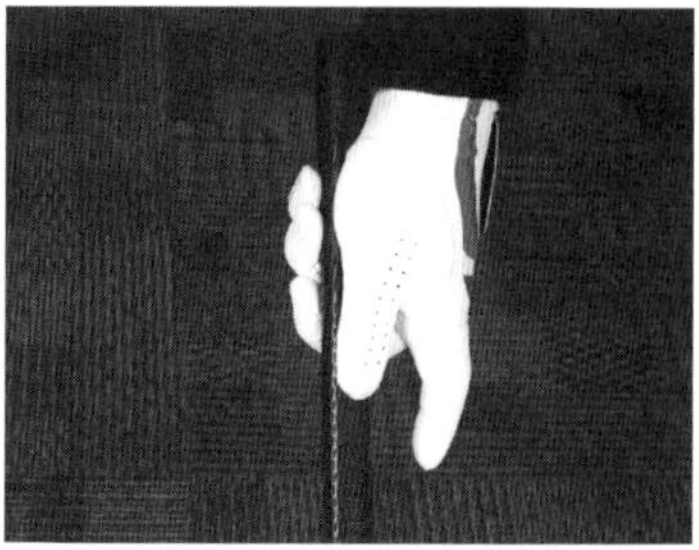
左手の人指し指は必ず大きく空けておくこと（写真2）

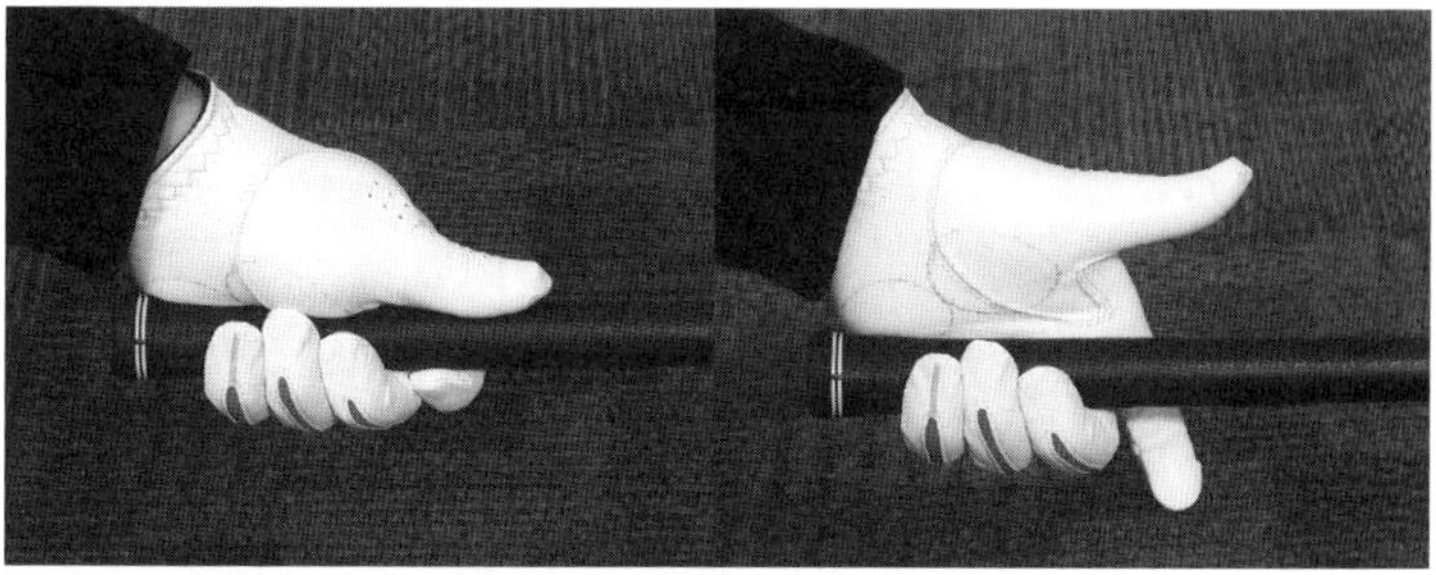
アイアンの場合は、左手の小指側の肉球がグリップの上に乗る形になる

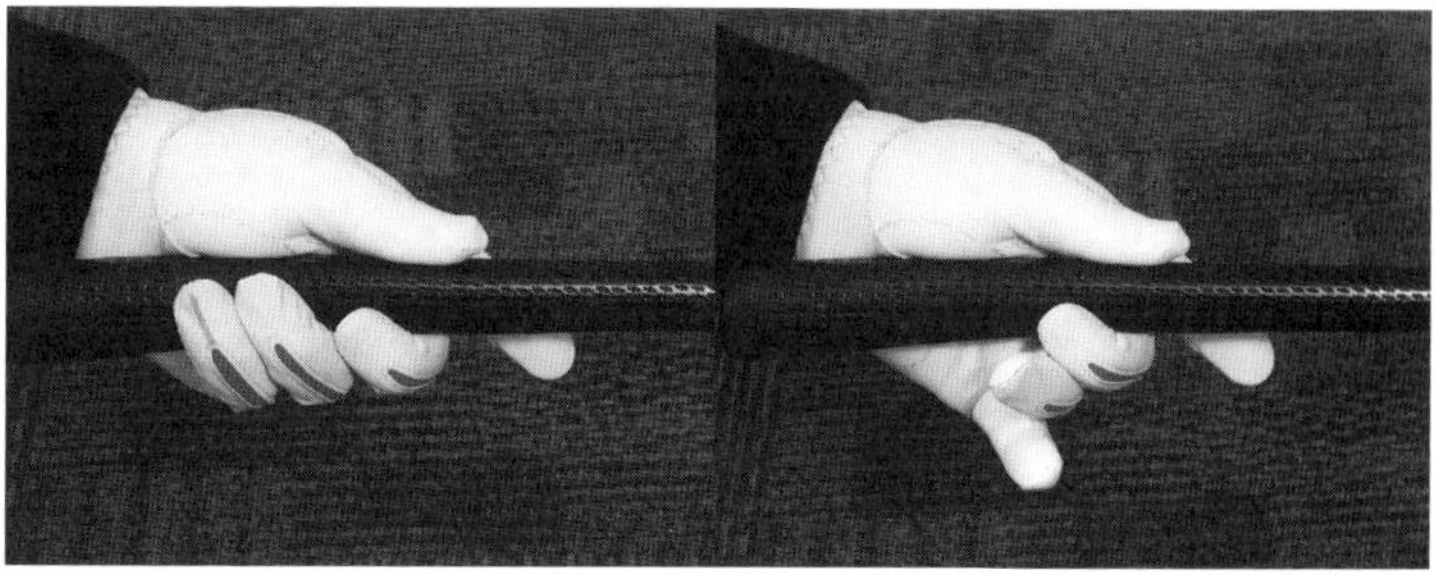
パターの場合は、左手の親指の肉球がわずかに乗っている感じになる

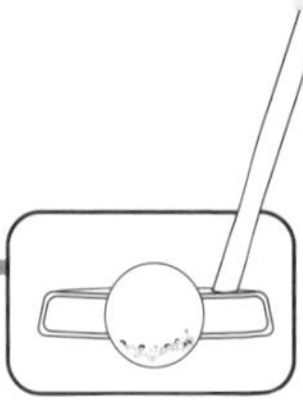

右手は手首の角度がつかないように握る

右手は、ショットのときのように、左手人指し指を包み込んだり絡めたりしません。左手小・薬・中指に右手小指側肉球を重ね、右手人指し・中・薬指を、大きく空けておいた左手人指し指の内側に入れます。正面から見て、左手親指の爪が見えている状態になっているのが望ましい形です。

右手のグリップで気をつけたいのは、**手首の角度をつけない**ことです。パッティングでは手首を使わないというのが重要なポイント。もし、握る際に右手に角度がつくとストローク中、手首が戻る動きが入ってしまい、結果的に手首を使いやすくなってしまいます。また、**右手と左手の距離をできるだけ縮める**ことも大事。そうすれば肩の高さが水平に近くなり、肩の動きがよりスムーズになります。私の場合は左手人指し指を外に出すと同時に、**右手の小指を左手中指の上に乗せて**いますが、もし違和感がなければこの形をお勧めします。

左手人指し指を出し、右手小指は左手
中指に乗せる

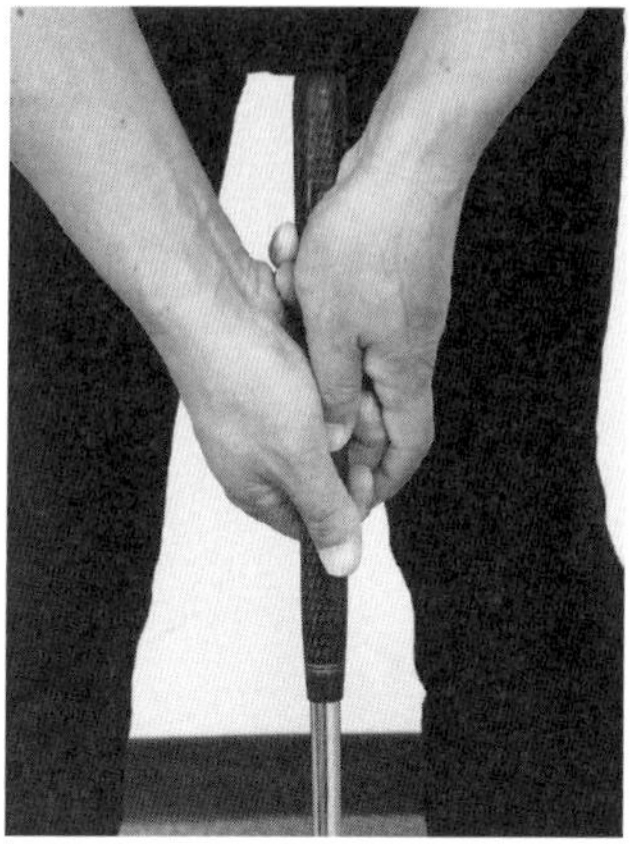

右手甲が前から見えないように、また
左親指を隠さないように握るのがコツ

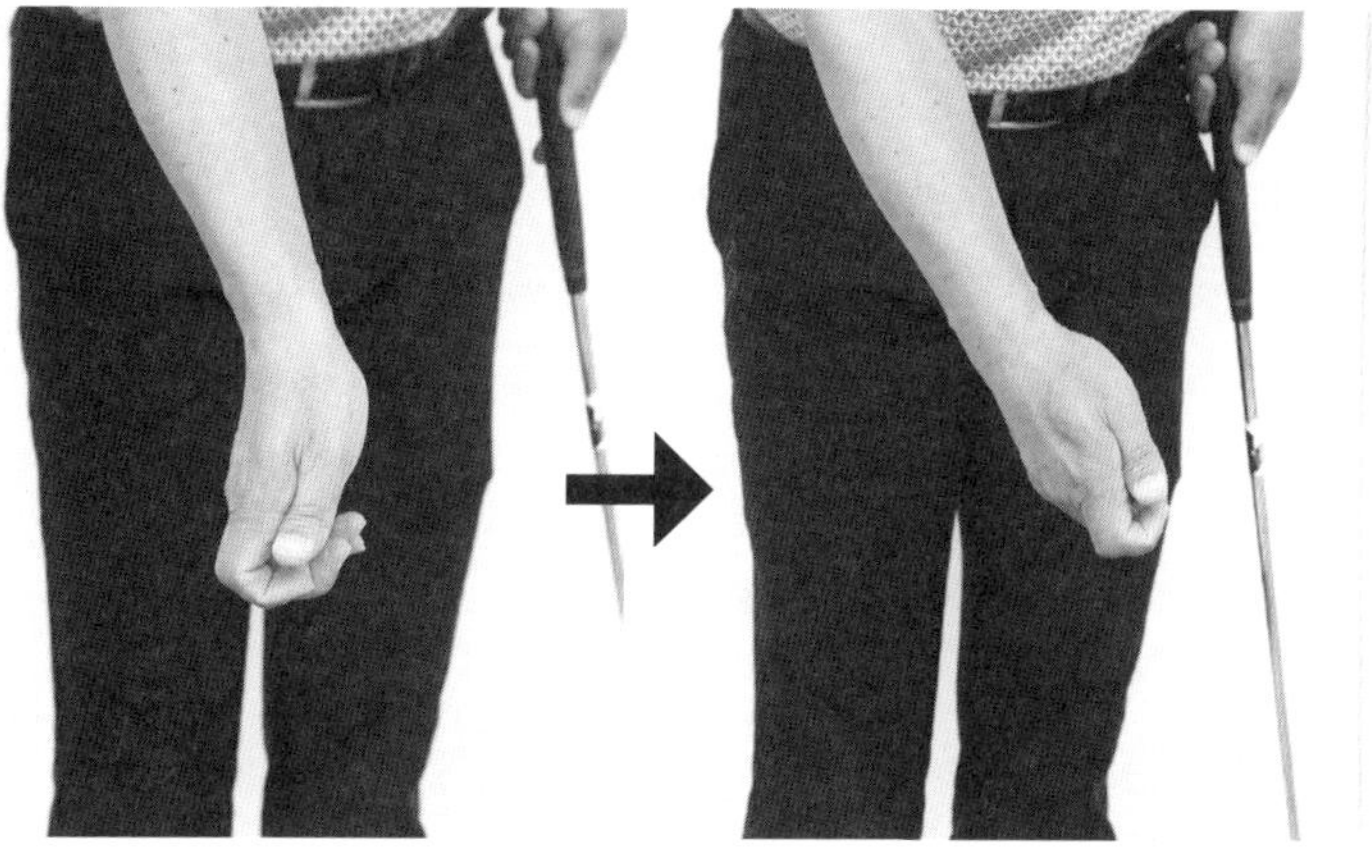

右手首に角度がついた状態でグリップすると、ストローク中に手首を使ってしまう

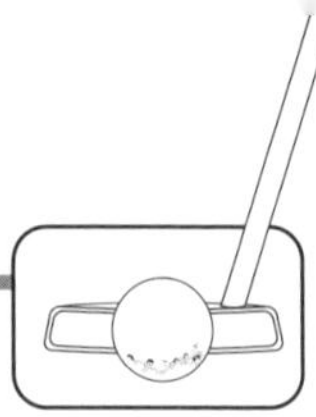

前傾が深くなければ安定したストロークはできない

構えの姿勢において重要なポイントになるのが前傾の深さです。どのくらい前傾をするのがいいか？　ここに興味深いデータがあります。米ツアーで活躍する選手たちの平均身長は１８０センチ前後ですが、**彼らが使っているパターの長さの平均は33・2インチ**。日本で販売されている男性用パターの最短モデルは33インチが多いので、日本のゴルファーとほぼ同じ長さのパターを使っていることになります。なぜ、１８０センチ以上の大男たちがそんなに短いパターを使うのか？　それは、できるだけ前傾して打ったほうが、パッティングにおいては最適な動きである**ショルダーストローク（プロの99%がパッティングの際に行っている打法）がしやすくなる**ことを、彼らが知っているからです。

ちなみに私の身長は１７０センチですが、パッティングのときの頭の高さは１４０センチ。少なくともこれぐらいの前傾は必要だということです。

170センチ

140センチ

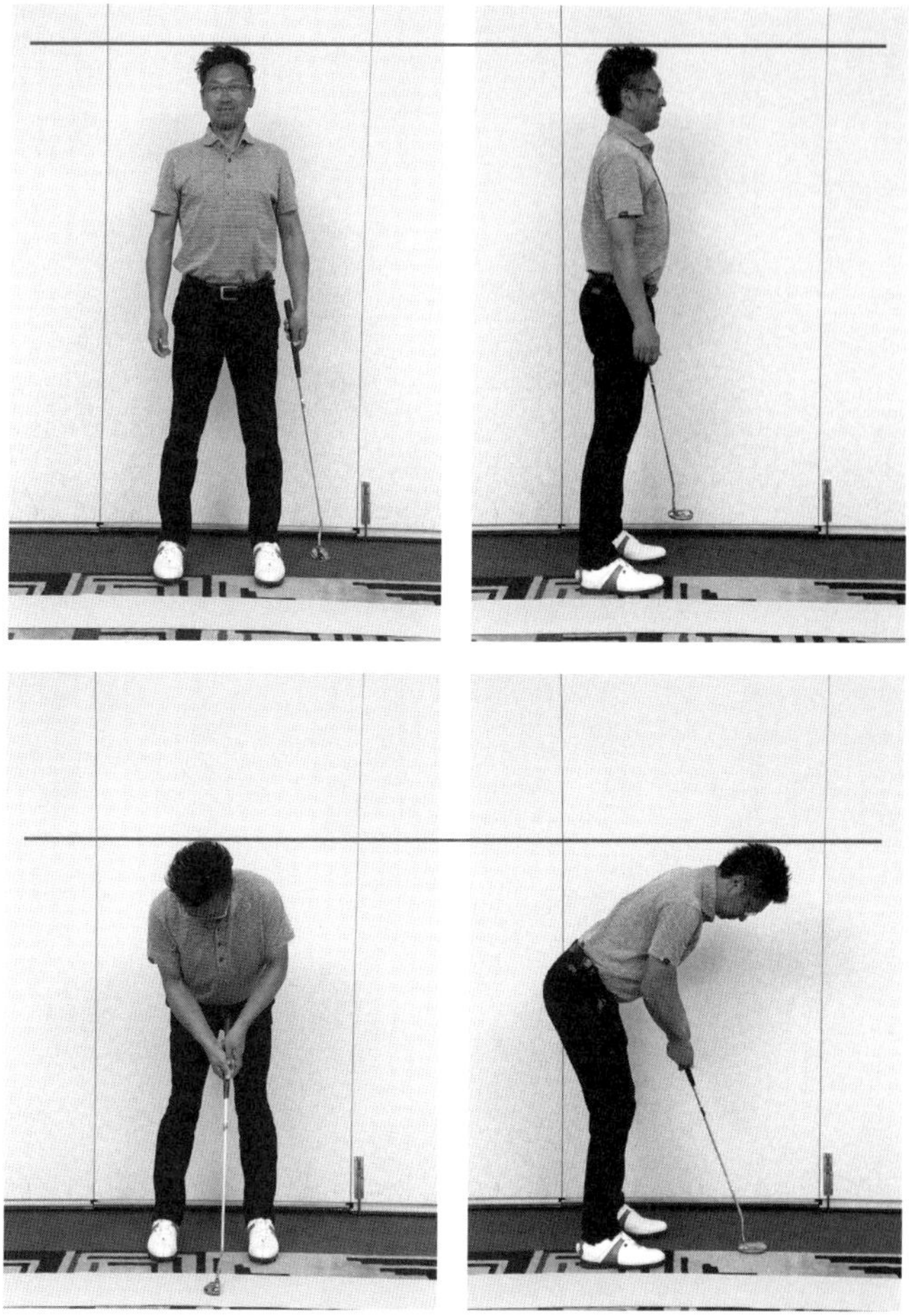

パッティングに最適なショルダーストロークをするためには、深い前傾が必要。
身長170センチ前後なら、頭の高さが140センチになるくらい深く前傾したい

ヒザを大きく曲げずに前傾角度を深くする

前傾をする際は、まず、**ヒザを曲げすぎないで前傾を深くします**。ヒザは軽く曲げる程度でOKです。

また、**正しくヒジを曲げる**こと。基本的には、ヒジが体に近い状態で構えるのが望ましく、ヒジが外側に向いて、体から離れる形にならないように注意してください。

それともう一つ、**長いパターを使わない**こと。私は、33インチのパターを1インチ余してグリップしていますが、身長170センチ前後の人ならば32インチくらいがベスト。なかなか32インチ以下のモデルは市販されていないので、170センチ以下の人は、私のように短めに握るなどしてみてください。ただし、2インチ以上短くグリップするとグリップエンドがストローク中、ウエアにあたってしまいミスストロークになるので注意をしましょう。

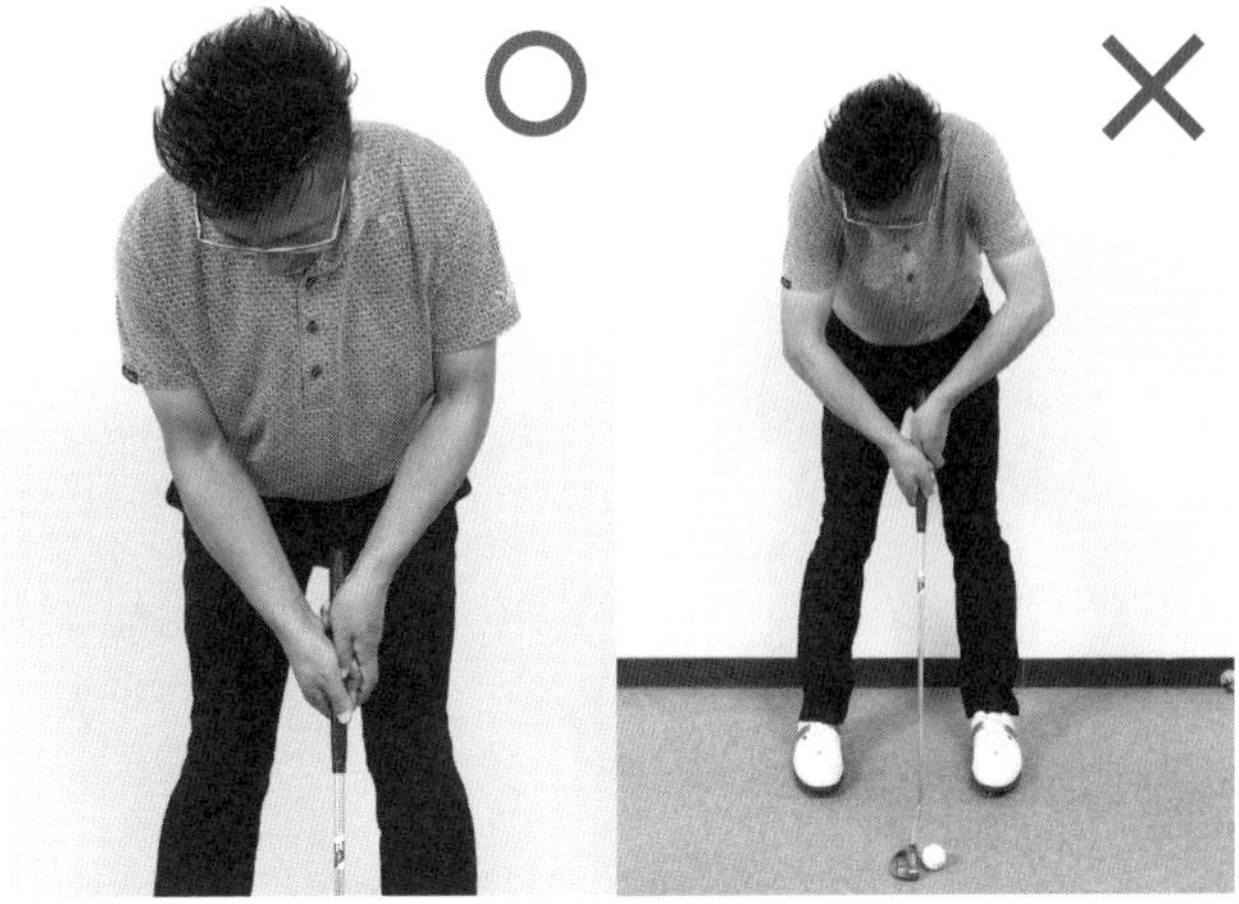

右の写真のようにヒジを外に曲げないように。ヒジは内側に曲げて体の近くにくるように

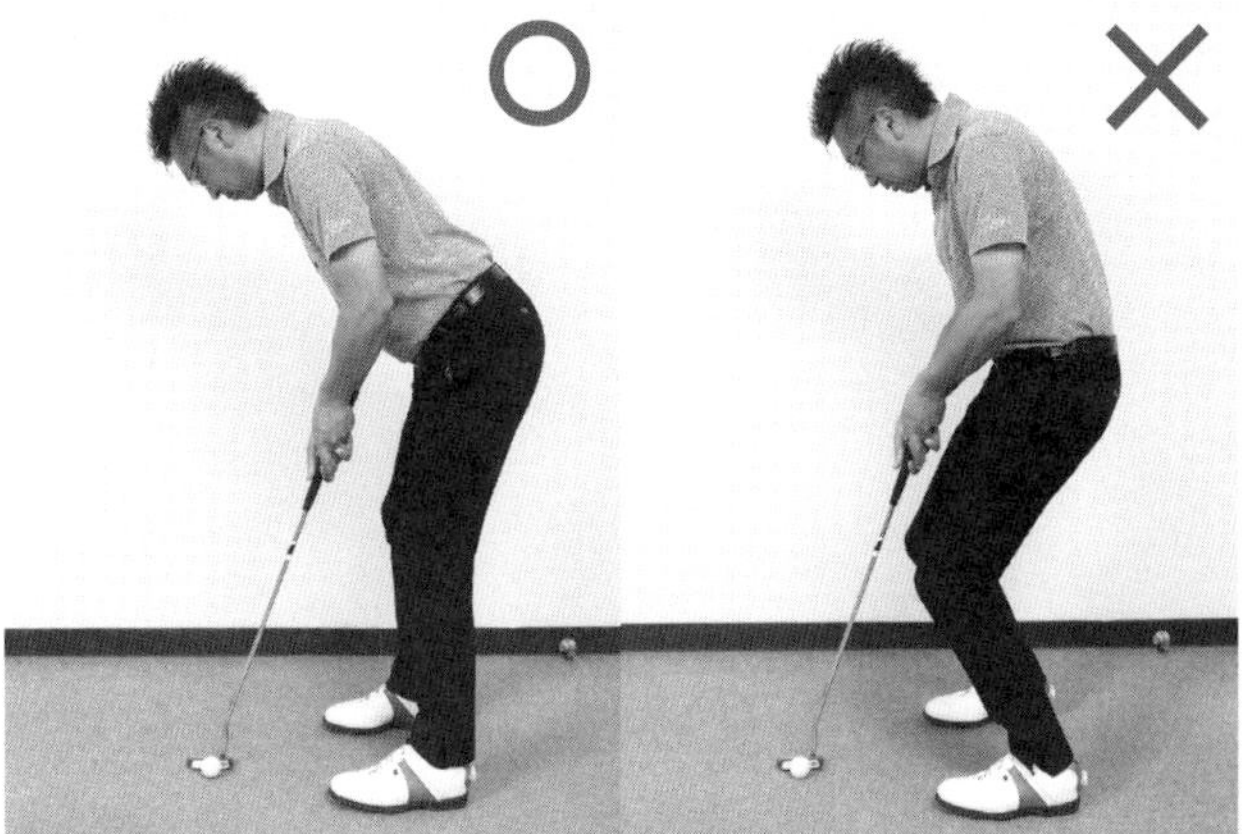

ヒザを深く曲げないことも大事。軽く曲げる程度にして前傾を深くする

脇の締め具合は体型によって微妙に変わる

レッスンをしていてよく質問されるのが、脇の締めについて。どのくらい締めたらいいのか。そのイメージは、体型によって変わってきます。

まず、**細身の人**の場合。ごく普通のタオルを2枚用意して、いずれも**8つ折り**にしてください。そして、それを両脇に挟んで構えてください。つまり、8つ折りタオル分くらいの隙間があるのがベストとなります。次に、**少しふくよかな人**の場合。同じようにタオルを2枚用意し、今度は**4つ折り**にして両脇に挟んで構えます。当然のことながら、細身の人よりも少し両脇の隙間が狭くなります。最後に、**かなりふくよかな人**。こういう人はタオルの必要はありません。普通に構えれば、ベストの脇の締め具合になります。つまり、体が細い人ほど微妙な調整が必要になるということ。きちんと統計を取ったわけではありませんが、〝ふくよかな人〟の方がパッティングは有利な気がします。

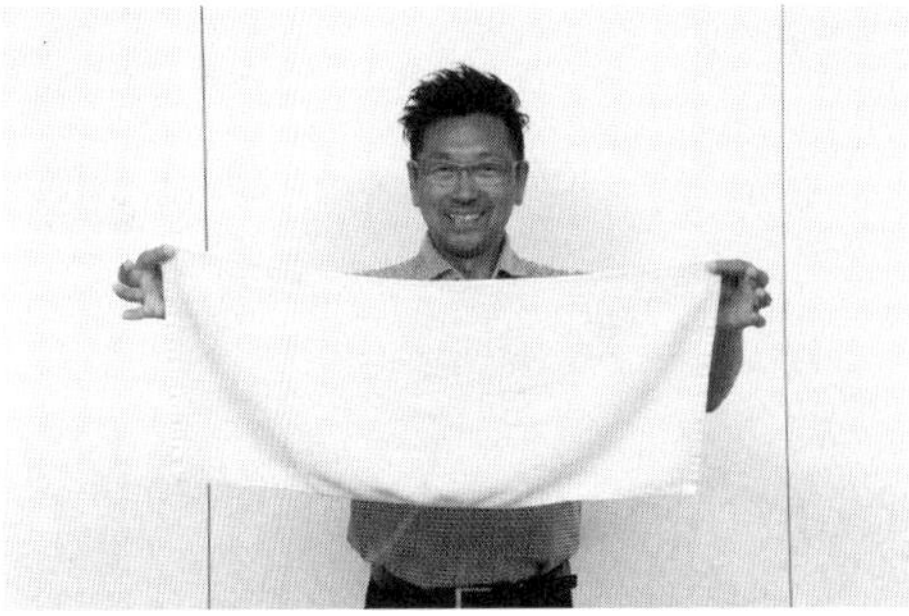

ごく普通のタオルを２枚用意

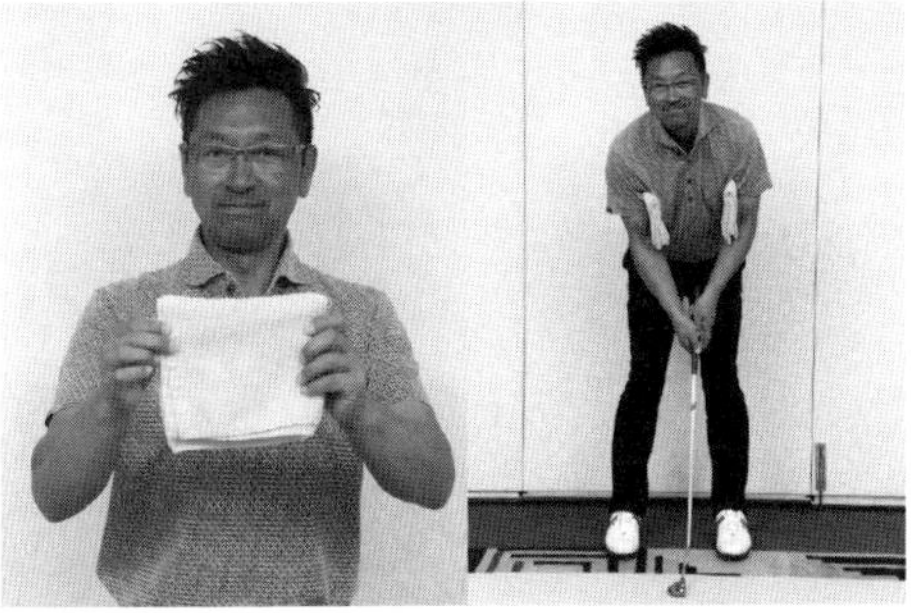

細身の人は、タオルを８つ折りにして両脇に挟んだ状態がベスト

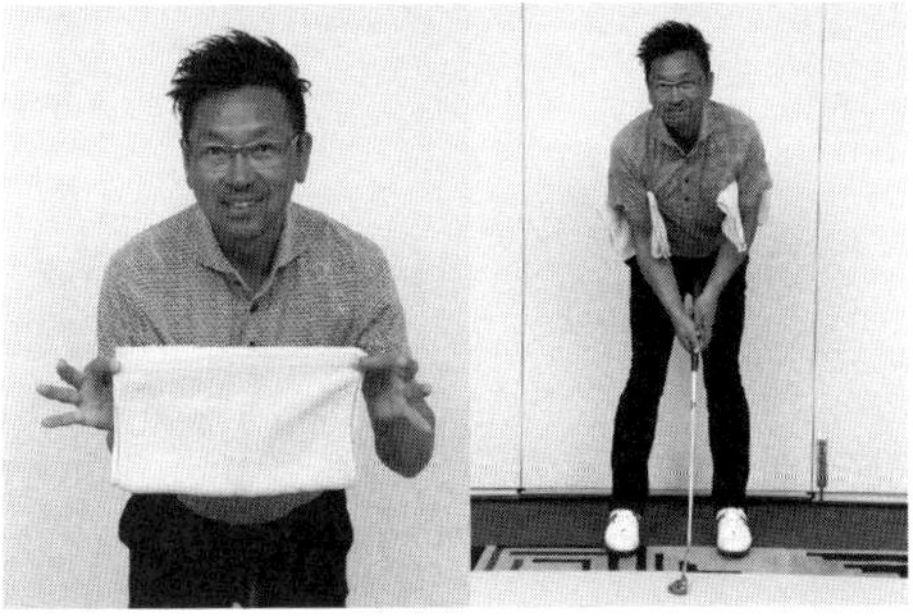

少しふくよかな人は、タオルを4つ折りにして両脇に挟んだ状態がベスト

手首の動きを制限するために
シャフトと前腕部を一直線に

パッティングでは、いくつか動かしてはいけない部位がありますが、その中でも最も重要なのが手首です。ストローク中、手首が動くと、ショルダーストロークにもならないし、方向性も距離感も失ってしまいます。プロゴルファーの中に、あまり見たことがないようなグリップをしている選手がいるのも、すべては手首を使わないための工夫の一環です。

この手首を動きにくくするための構えを実現するために確認してほしいのが、**ヒジ先（前腕部）とパターのシャフトが一直線になっているかどうか**です。実際にやってもらえればわかると思いますが、ショットのときの握り方であるフィンガーグリップの場合は、グリップの延長線が前腕の下に伸びていて、手首を柔らかく使えます。しかし、パターのグリップでシャフトと前腕部が一直線になるように構えると、手首の動きに制限をかけやすくなります。

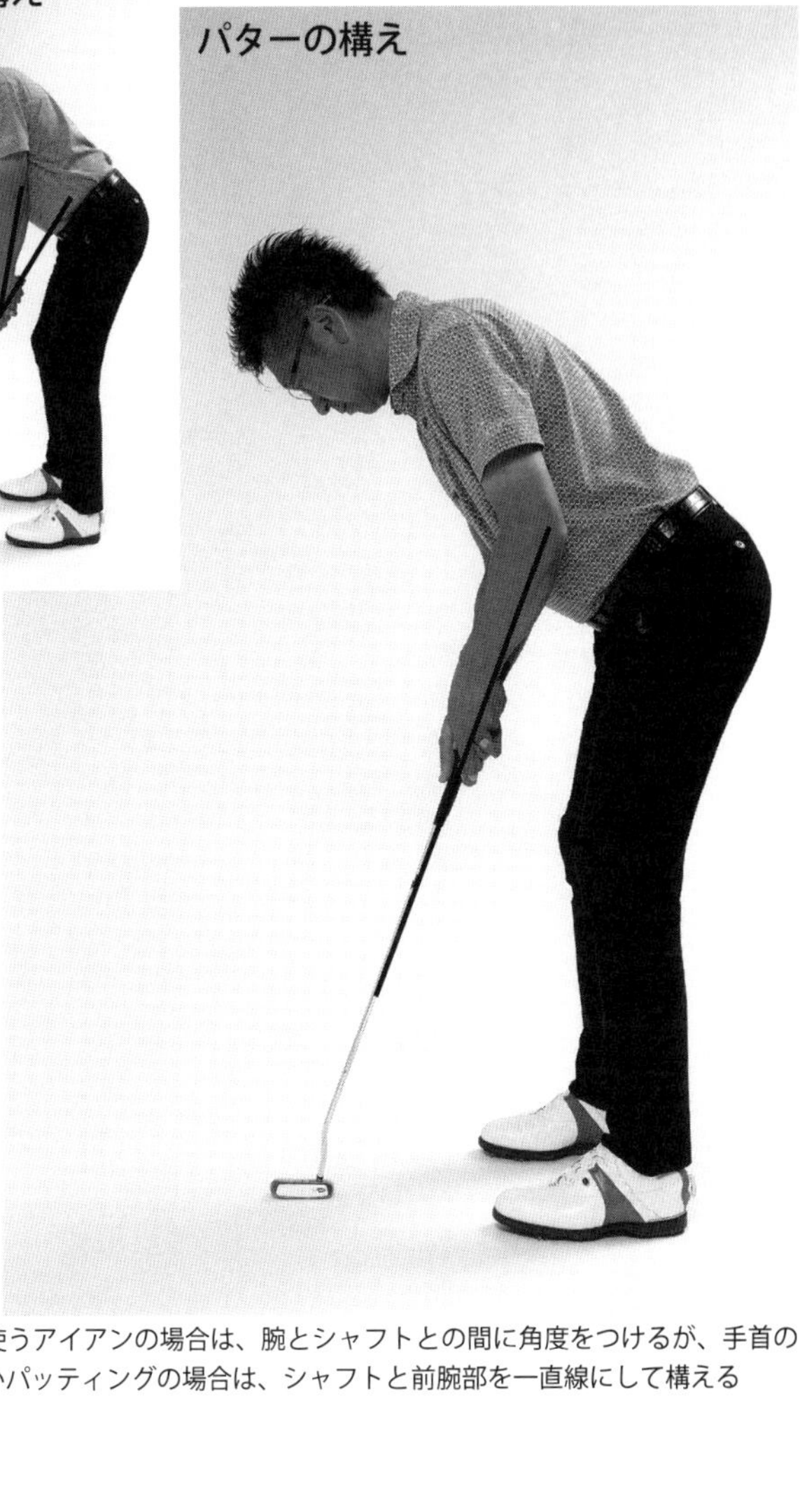

手首を柔らかく使うアイアンの場合は、腕とシャフトとの間に角度をつけるが、手首の動きを制限したいパッティングの場合は、シャフトと前腕部を一直線にして構える

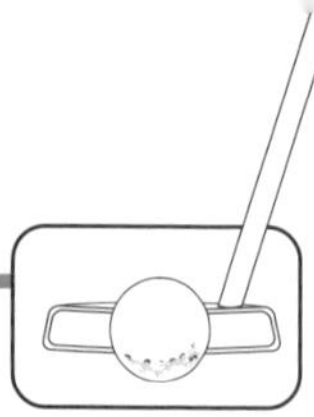

下半身を使わないパッティング だから、ツマ先は真っすぐに

ショットの構えとパッティングの構えで大きく異なるものの中に、ツマ先の向きもあります。通常、**アイアンやアプローチショットの場合、左足のツマ先を少し開きます**。開くことによって体の回転がスムーズになり、体全体を使ったきれいなスイングになるからです。逆に、左足ツマ先を開かないと、下半身が使いにくくなり、上半身だけのスイングになってしまいます。

一方、パッティングの場合は、**下半身はほとんど使いません**。体重移動もなく、ショルダーストロークのみによって球を転がします。だから、下半身をロックさせるためにも、**左足ツマ先は開かないほうがいい**のです。

アマチュアゴルファーの中には、パッティングの際、左足のツマ先だけでなく、右足のツマ先も開いて構えている人がいますが、両足ともツマ先は真っすぐ向けて構えるようにしましょう。

右足、左足ともつま先を開くのはNG。下半身をロックするためにも、ツマ先は真っすぐ向けておく

両足のツマ先が開いている

左足のツマ先が開いている

右足のツマ先が開いている

足の指で地面に圧をかければ下半身はより安定する

前ページで、「ツマ先を真っすぐ向けて、下半身をロックしましょう」という話をしましたが、実は下半身を止めるというのはけっこう大変なこと。ツマ先を真っすぐ向けていても、他のことに気を取られているとついつい動いてしまうことがあります。

そこで、下半身が動きにくくなるための方法をもう一つ教えましょう。それは、**足の指全部で地面に圧をかける**ことです。

通常、人間が立った状態のとき、足の指はシューズの中で浮いています。その指を地面につけて圧をかける。実際はシューズの中なので、指が地面につくわけではありませんが、それを意識することで、下半身の安定度は増します。

人によっては、「指先で地面をつかめ」と表現しますが、内容は同じこと。**パッティングを成功させるためには、足の指の力も必要**なのです。

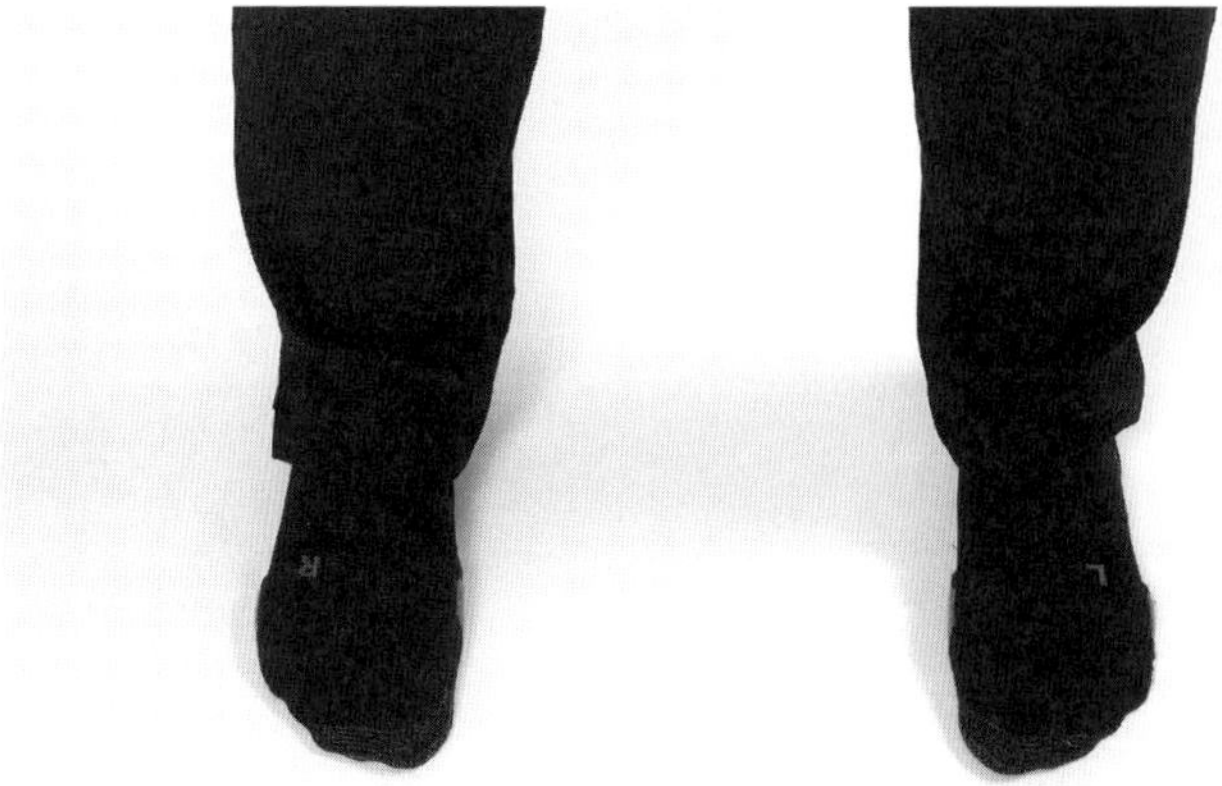

ツマ先を真っすぐ向けると同時に、足の指全体で地面に圧をかける

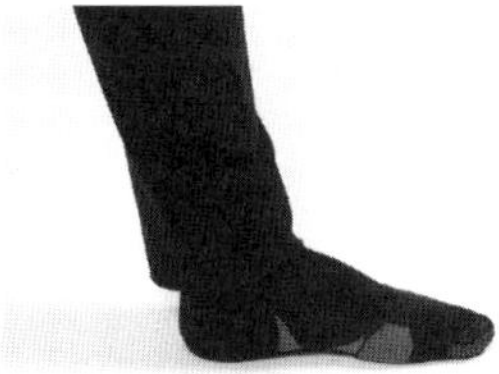

意識しないと指は浮いた状態になる

指で地面に圧をかけた状態

ボールの位置は重心が後方にあるパターほど左に寄る

ボールを置く位置については、「真ん中に置く」、「左目の下に置く」、「利き目の下に置く」などいろいろな考えがあるようですが、私が出した結論は次の通りです。

まずパターヘッドの振り子運動の最下点を、なるべくスタンス中央線にする。そして振り子をヘッド全体でイメージせず、重心（★）の振り子と考えます。

つまり、**アドレス時に重心（★）がスタンス中央線上に来るようにします。**

そして、**そのときのフェース横にボールを置けば、それが正しいボールポジションとなります**。重心（★）からフェースまでの距離が長いパターほど、ボールポジションは中央より左になると考えます。

一般的には大型ヘッドのものほど重心が後ろになるため、ボールポジションはセンターより左になります。

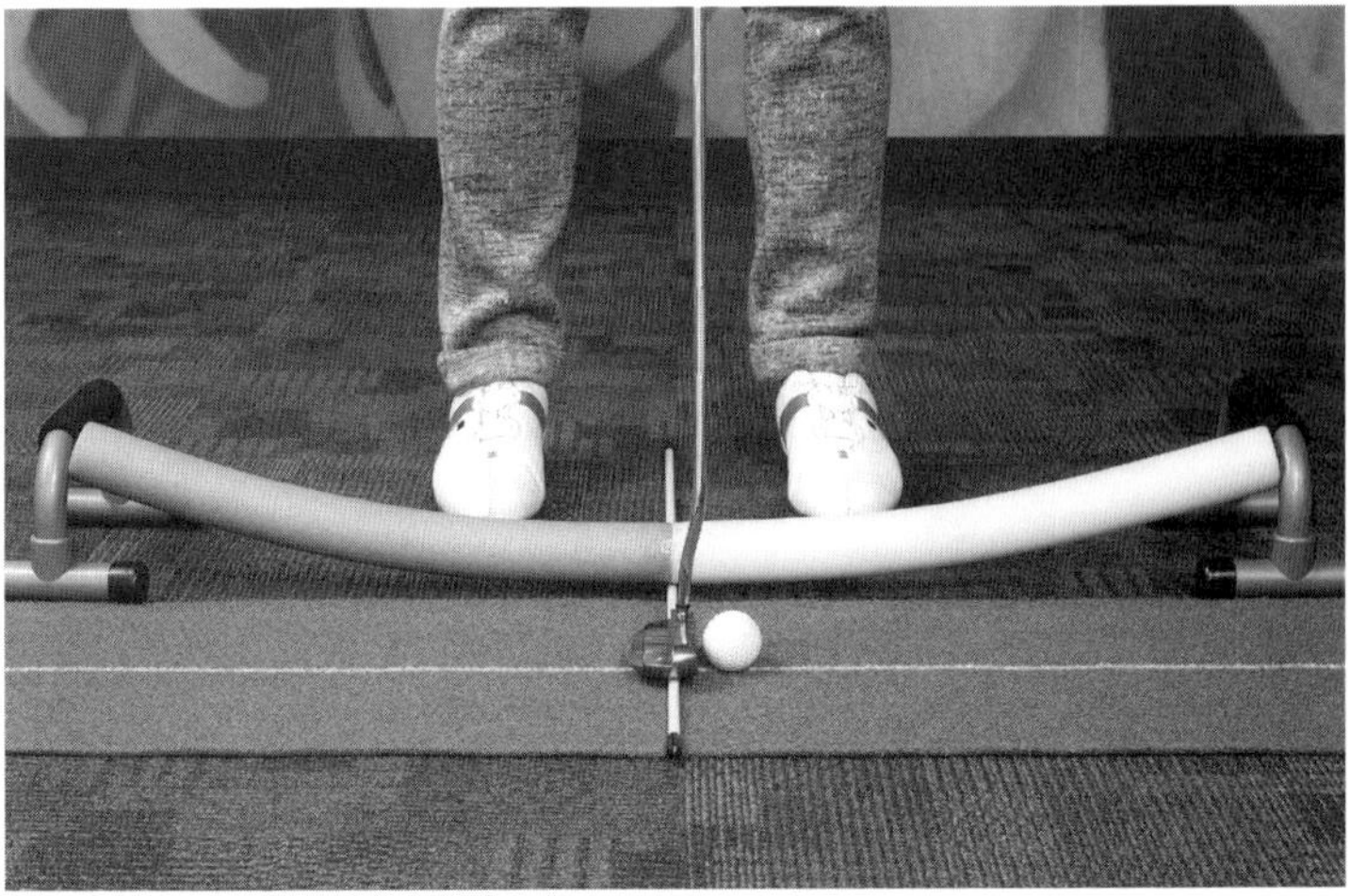

スタンス中央のスティック位置が振り子の最下点になる

ピン型、L字型パターなどは重心がフェースに近いため、ボールポジションは中央線のすぐ左

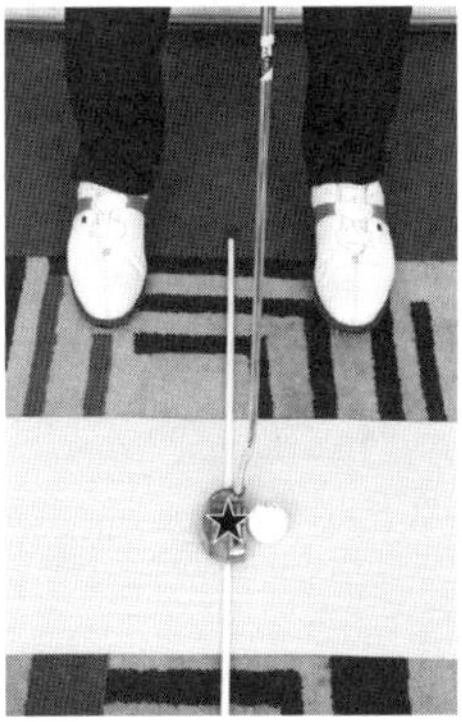

私のエースパターの場合、重心からボールの中心までの距離が約4センチ

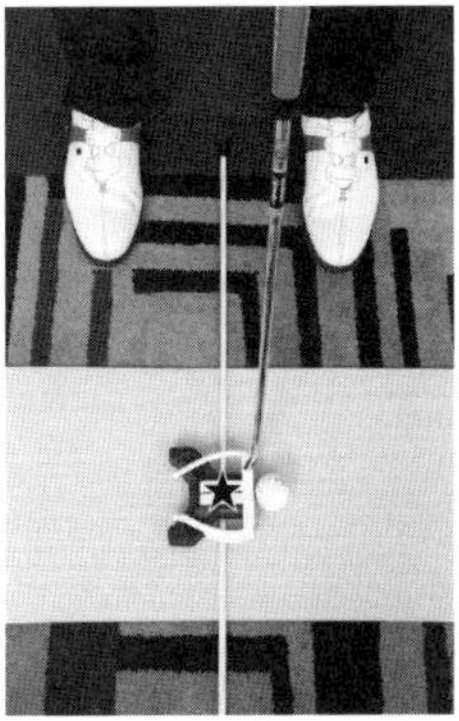

マレットタイプよりも重心位置が後方にあるネオマレットタイプの方が、ボールの位置も左寄りになる

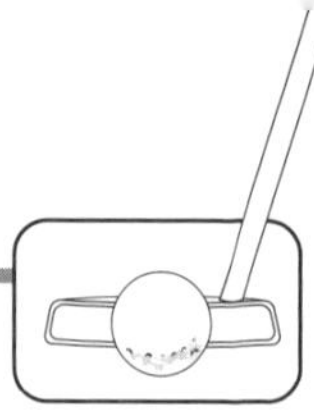

体とボールとの距離はツマ先から1足分が目安

体とボールとの距離（ボールからどれくらい離れて立つか）については、**ツマ先からシューズ1足分をひとつの目安**にしてください。この目安をもとに、微調整をしていきます。微調整の方法は次の通りです。

まず、パターのヘッドがギリギリ通るくらいのところ（ヘッドよりも1センチずつ外側）に障害物を置きます。そして、少し速めのスピードで連続素振りをします。素振りをする中で、**手前の障害物に当たったときは、少し近づいてみる**。逆に、**向こう側の障害物に当たったときは少し離れてみる**といったように調整してみてください。

ただし、この調整方法は、正しいショルダーストロークが身についていないと成立しません。第2章のショルダーストロークをマスターしたあとに微調整をすることをお勧めします。

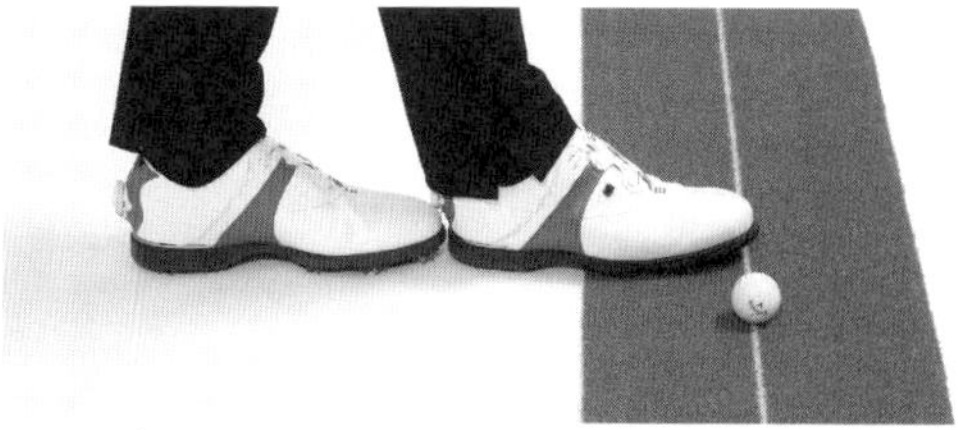

シューズ1足分をひとつの目安にする

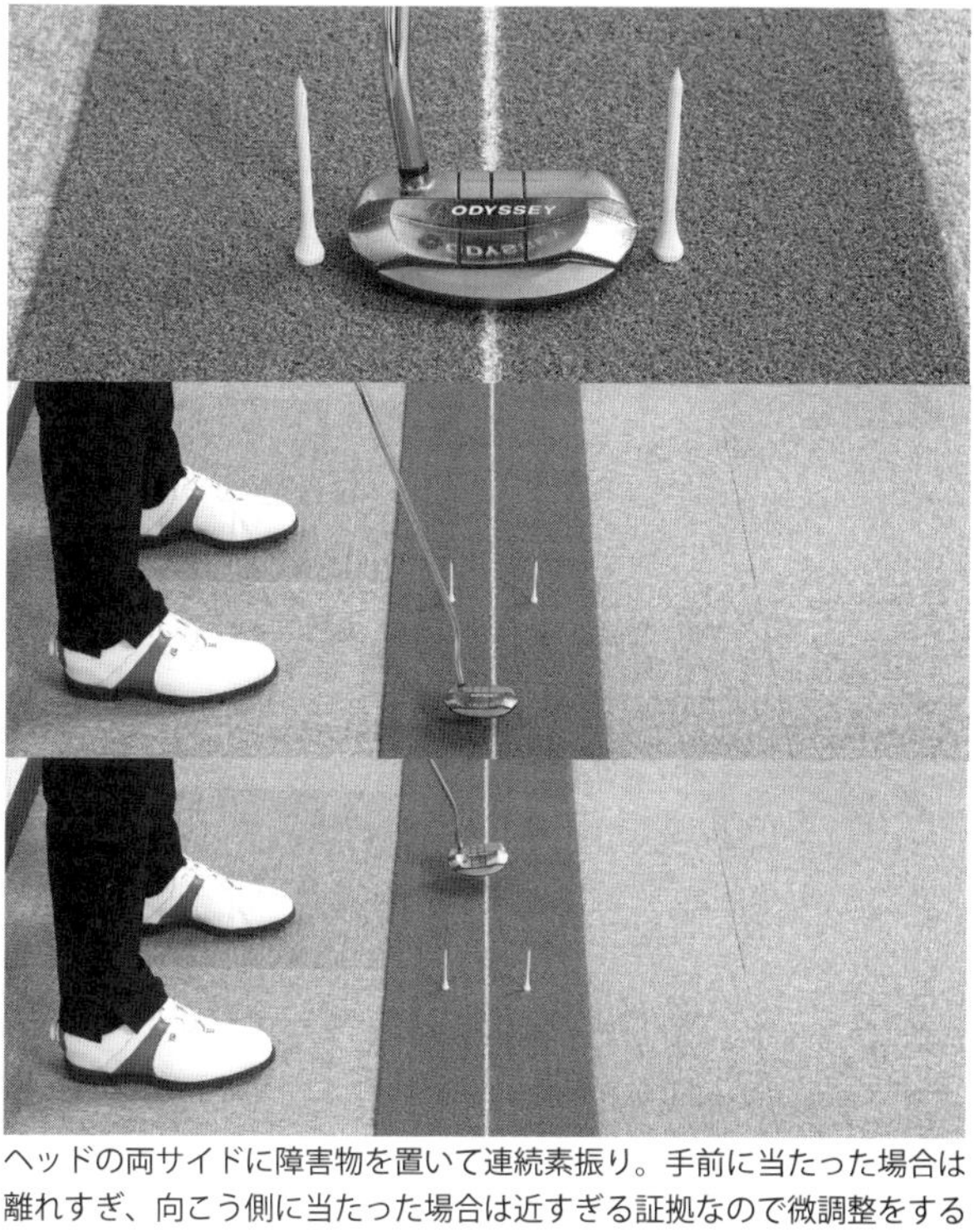

ヘッドの両サイドに障害物を置いて連続素振り。手前に当たった場合は離れすぎ、向こう側に当たった場合は近すぎる証拠なので微調整をする

アドレスチェッカーでボールの位置を確認

パターヘッドの形状、およびストロークのクセにより、ボールに対してどの位置にスタンスを取ればいいかは決まります。しかし、最適な構えの位置がわかっても、**毎回、その位置に構えられなければ正確なパッティングはできません**。それを実現するためには反復練習が必要なわけですが、効果的に習得するために編み出したのが、**アドレスチェッカー**です。大げさな名前を付けていますが、ワイヤーネットの四隅にボールを取り付けただけの物。使い方は簡単です。スタンス位置が決まったら、両足のツマ先に合わせてアドレスチェッカーを置き、そのベストボールポジションがどのマス目に当たるかを確認するだけ。私のエースパターでベストボールポジションは中央線から4センチ左で、写真のようにアドレスチェッカーをセットすると奥から4マス目。**常にアドレスチェッカーで自分が正しい位置に立てているかどうかを確認**しています。

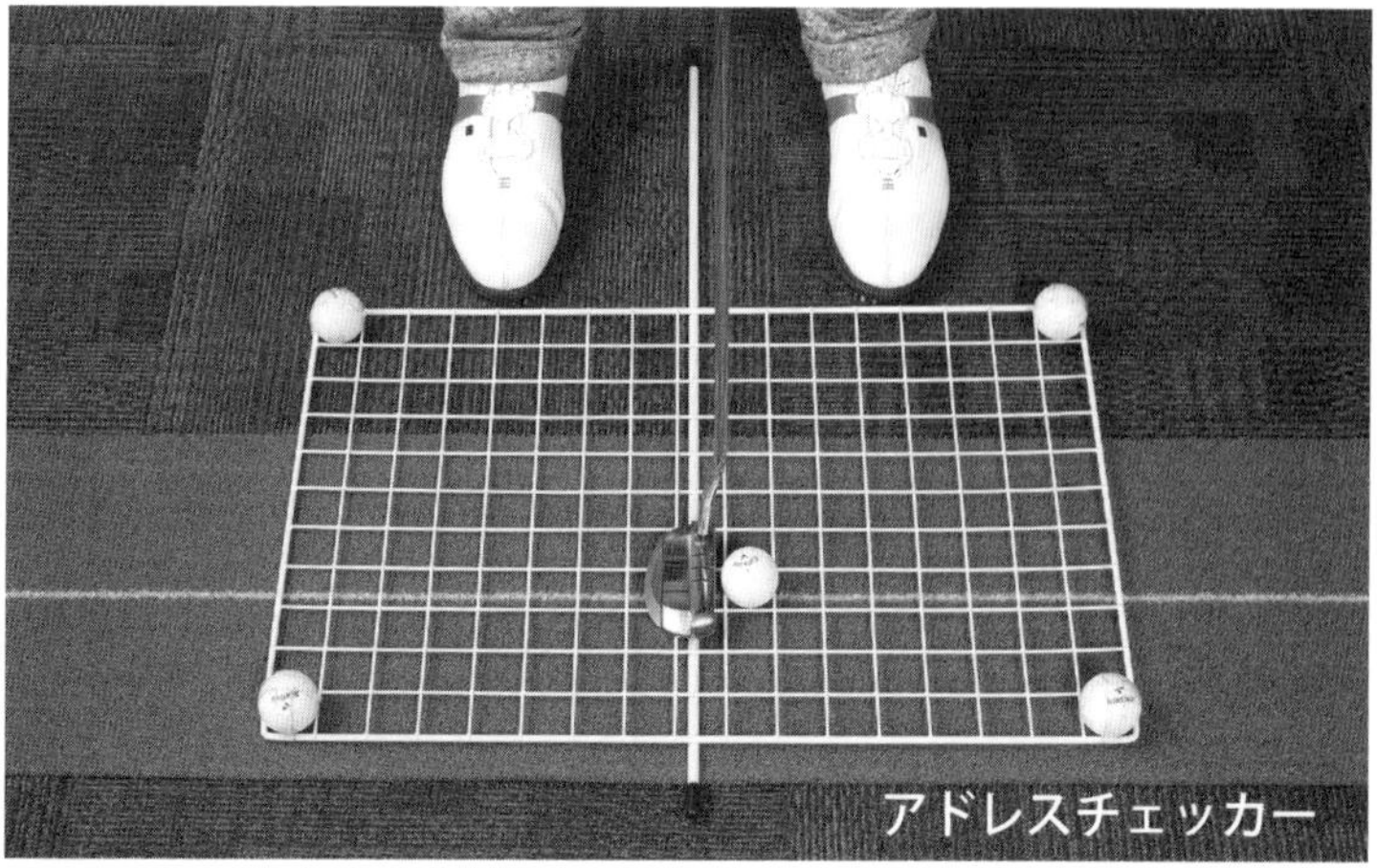

自分のベストのボール位置が決まったら、アドレスチェッカーでどのマス目に当たるかを確認

ベストポジションからボール1個分ズレてしまうと、ストロークが安定しない

80センチ先のターゲットに対するアドレスを確認しよう

80センチ先のマーカーほどの大きさのターゲットに真っすぐ構えられるかを、アドレスチェッカーを使ってチェックしながら練習します。きちんと構えられるのは5人に1人というデータ（著者調べ）がありますが、皆さんはどうでしょうか？　用意する物は、アドレスチェッカー以外にパター、ボール、マーカー、スティック、スリッパです。

ボールから80センチ先のマーカーに対して真っすぐスティックを置いた状態で構えます。構えができたらスリッパをズレないように脱ぎ、アドレスチェッカーでボールポジションと向きが正しいかどうかを確認しましょう。

正確にアドレスできるようになったら、次はスティックなしで80センチ先のマークに正しくアドレスできるかどうかを同じ手順でやってみましょう。いずれも壁などと平行にならない場所でやるようにしてください。

スティック方向に打ち出すべく真っすぐ構える

アドレスチェッカーで確認

80センチ先の目標に対して真っすぐ構える

同じくアドレスチェッカーで確認

入る確率を上げるためには構えの手順を守ることも大切

アドレスに入るとき、ただ何となく構えている人も多いようですが、パッティングの成功率を上げるためには、一定の手順を踏んで構えに入ることも重要なポイントになってきます。その手順が自分のルーティーンとなれば、さらに成功率はアップするはず。ここでは私がお勧めする手順を紹介します。

①打ち出したい方向にスパットを見つける　②そのスパットに対して頭の中でラインを描く　③そのラインに対してスタンスを正しく取る　④前傾してポスチャーを決める　⑤グリップする　⑥ヘッドをボールの手前にセットする

この手順を見てもわかる通り、フェースの向きを目標に合わせるのは最後。それよりも、③の**「ラインに対して正しく立つ」ことが先決**となります。**また、両足ツマ先のラインに対してフェースが直角になっているかどうかもポイント**になります。この手順通りに構えられるように家練に励んでください。

打ち出したい方向にスパットを見つける

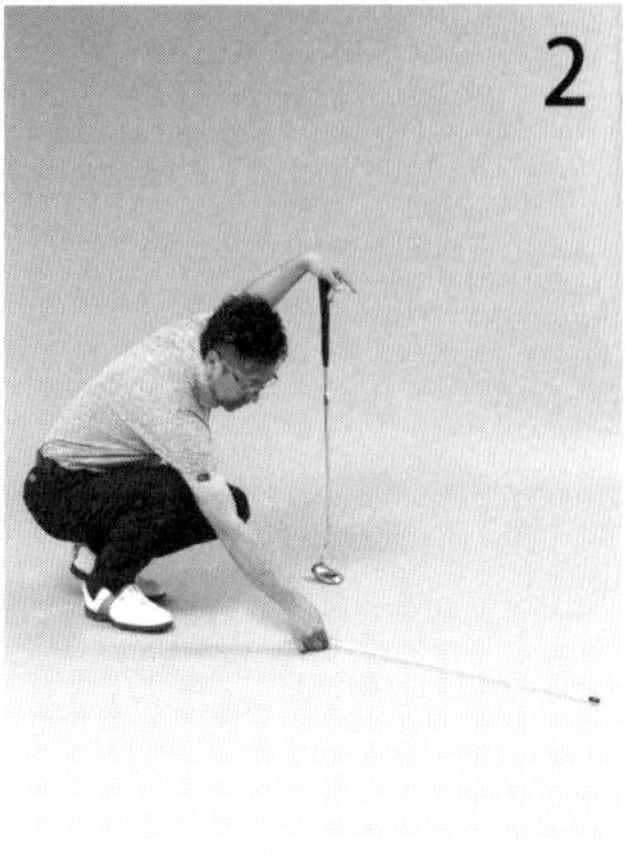

スパットまでのラインを頭の中で描く

足の位置を決めてから前傾をする

姿勢を作ってからグリップして、最後にヘッドをセットする

COLUMN 2

プロのマネは大いにすべき

私が知っている限り、パッティングに関しては、プロのマネをしているアマチュアゴルファーは非常に少ないようです。本来、パッティングはゴルフのスイング（ストローク）において最もマネをしやすいのに、なぜ取り入れようとしないのか？　そのことが不思議でなりません。

ハッキリ言って、**プロのマネは大いにすべき**です。もちろん、プロの中にも上手下手はありますが、少なくともツアーで戦っている選手に、〝パッティングがひどい〟人など一人もいません。**どの選手も理に適ったグリップ、構え、ストロークをしています**。また、**グリーンに上がってからの所作や動きの速さなども大いに参考にしてほしい**ところです。もし、お気に入りの選手がいるのなら、徹底的にその選手のパッティングを研究して、自らのプレーに取り入れてみてはいかがでしょうか。上達のスピードがアップするかもしれませんよ。

第2章

パッティングのストロークと距離感をとことん考える

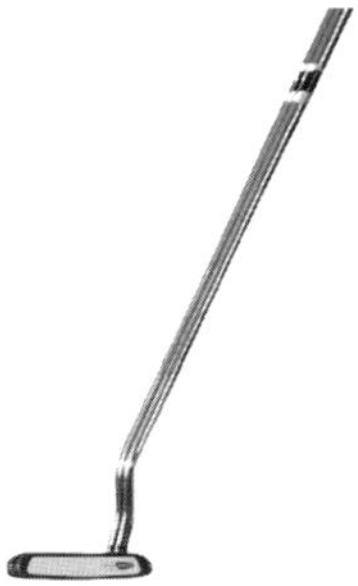

抜群の距離感と、
美しいパッティング。
パッティンググリーンですぐに
タッチが合わせられるようになる
最高のストロークを伝授

パッティングはショルダーストロークで磨く

ショルダーストロークというのは、その名の通り、**両肩の動きを使って行うストローク**のことです。アマチュアゴルファーの中には、このストロークを、パッティングストロークの一種だと思っている人もいるようですが、パッティングにおいては**これ以外の打ち方はない**と言ってもいいくらい。現にプロゴルファーでも、ショルダーストローク以外の打ち方をしている選手はほとんど見かけません。つまり、ショルダーストロークができなければ、いいパッティングはできないし、上達も難しいということになります。

だから、皆さんにも美しいショルダーストロークをマスターしてほしいのです。では、どうすれば正しいショルダーストロークができるのか。まずは、**構え**です。「第1章で紹介した構えは、ショルダーストロークをするための準備」なので、その構えがきちんとできているかどうかが大きなポイントになります。

文字通り肩の動きがポイントになるショルダーストローク。多少の個人差はあるが、ほとんどのプロ・上級者ゴルファーがこの形でパッティングをしている

両ヒジは軽く曲げヒジは下側に向ける

「ショルダーストロークの感覚がわからない」。そういう人は、次の方法でショルダーストロークを体感してみましょう。

イスに座り、両ヒジを軽く曲げて、ヒジの骨を下に向けて（両手のひらを上に向ける）、両手を胸の前で合わせます。そして、背骨を中心に肩を横回転します。これが正しいショルダーストロークの感覚です。

最初のセットの際、ヒジを伸ばしていると、回転するとき、とても固い動きになります。また、両ヒジが外を向いた状態（甲が上を向いた状態）だと肩よりもヒジが大きく動いてしまい、正しいショルダーストロークにはなりません。

さらに付け加えれば、**両脇を締めるのもお勧めできません**。というのも、両脇を締めると可動域が狭まるからです。ふくよかな人は、意識しなくてもワキがくっつくでしょうが、それはそれでOKなので、無理に空けないように。

両ヒジを軽く曲げて、ヒジの骨を下に向け、手のひらを上に向けて両手を胸の前で合わせて背骨を中心に肩を横回転すれば、ショルダーストロークになる

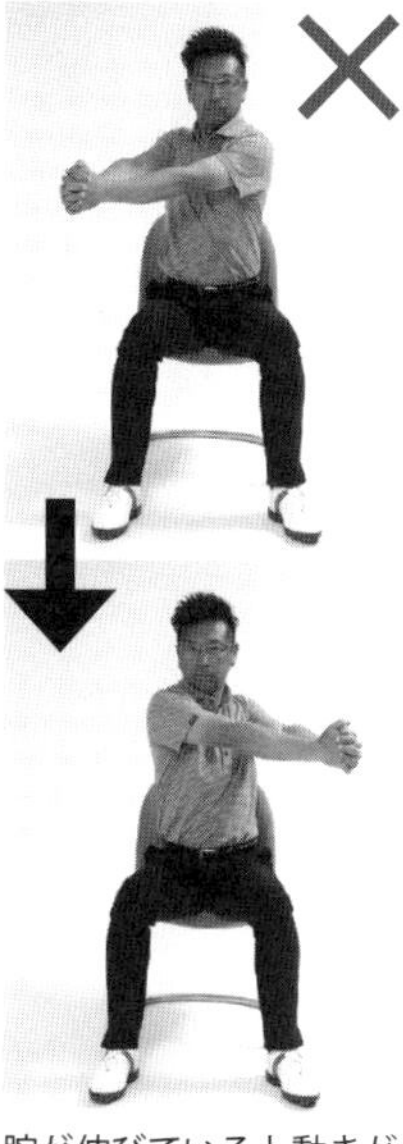

腕が伸びていると動きが固くなる

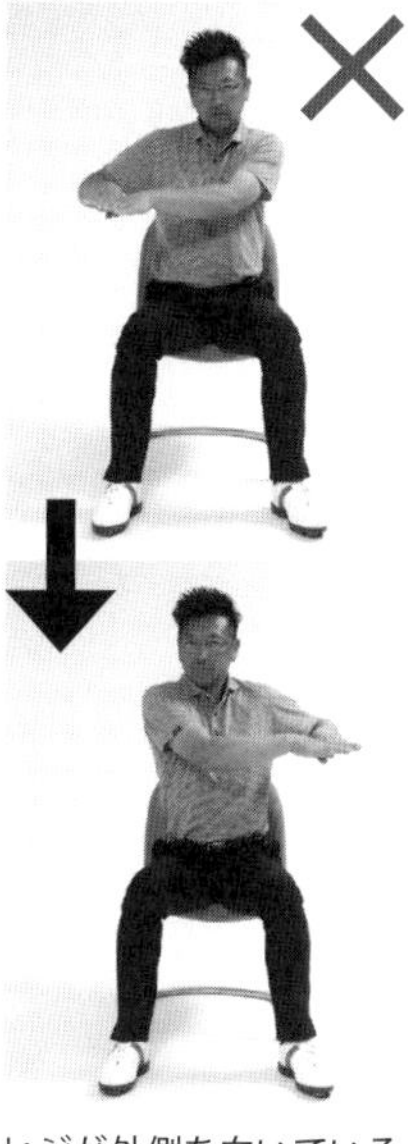

ヒジが外側を向いていると肩よりもヒジが動く

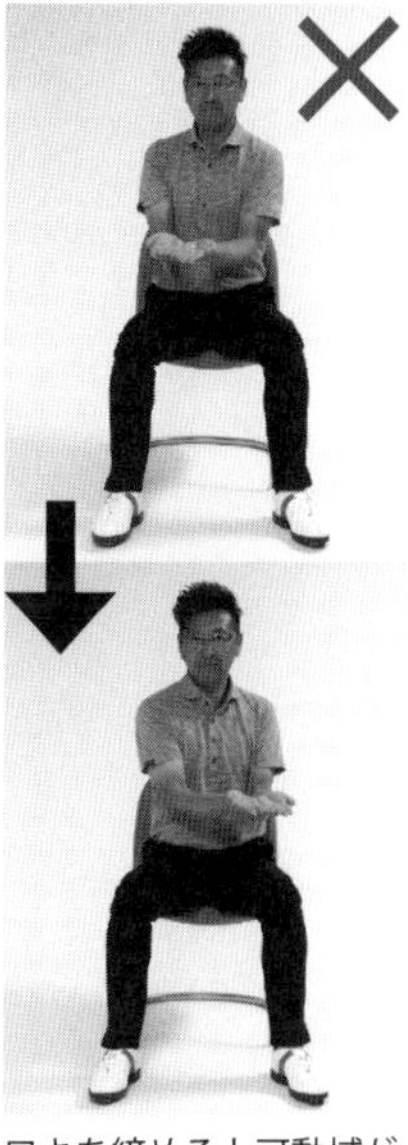

ワキを締めると可動域が狭まるのでNG

肩は上下動させず 背骨を軸に横回転

前ページの疑似体験でショルダーストロークの動きを理解したら、今度はパターを持ってショルダーストロークの動きを確認してみましょう。イスに座って背筋を伸ばし、両ヒジを軽く曲げ、パターを体の正面で、グリップの延長線がすっぽり腕の中に隠れるようにして、パターのシャフトと前腕がすべて地面に対して水平になるように持ちます（これをするには左手の握り方が重要）。

そして、**パターのグリップと両腕の前腕部の間隔が変わらないように（グリップエンドが常に背骨を指す状態をキープ）しながら**、また、**パターを水平に保ちながら**（シャフトが地面に対して平行である状態をキープ）、肩を横回転してください。この練習のときは、かなり短く持つとわかりやすいです。

これができれば肩は正しく動いているということで、ほぼ完璧なショルダーストロークの疑似体験ができます。

パターをできるだけ短く持ち、手首を固定し、横回転のどの位置でもフェースがタテになっているように。また、グリップエンドは常に背骨を指すのが正解

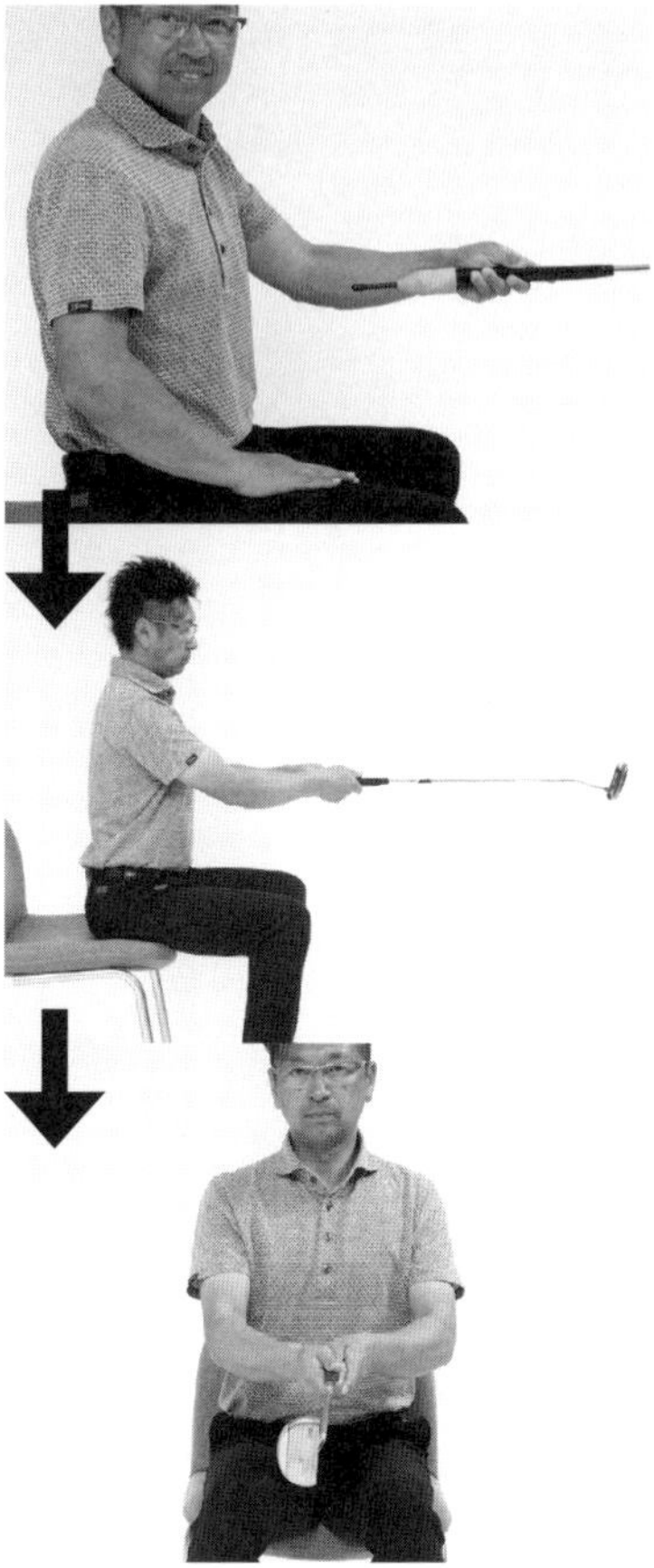

グリップの先に器具をつけても腕に収まる感じでパターを持ち、水平をキープしながら横回転

前傾した分、肩がタテに動いて見えるが、意識は水平横回転

イスに座ってのストローク体験で正しいショルダーストローク感覚がつかめたら、それを前傾した状態でやってみましょう。まずは、イスに座った状態でパターを体の正面で構え、そのまま立ち上がり、水平から15度ほど前腕を下げたあと徐々に前傾を深くしていきます。このとき、**ヒジや手首の角度はまったく変えずにただ前傾する**だけです。そしてパターのヘッドが地面からボール1個分の高さになるまで上体を傾けたら、最後にヒザをほんの少し曲げて、ライ角通りにソールを地面に置いてポスチャーの完成です。

構えができたら深い前傾のまま、イスに座っていたときと同様に、〝水平横回転〟を意識しながらストローク。正面から見るとテークバックでは右肩が上がり、フォロースルーでは左肩が上がるといったように肩が上下動して見えますが、これは前傾をしているから。**イメージはあくまでも水平横回転**です。

シャフトが地面と水平になるように持つ

水平の状態から前腕を15度ほど下げる

ヒジや手首の角度はまったく変えずに前傾する

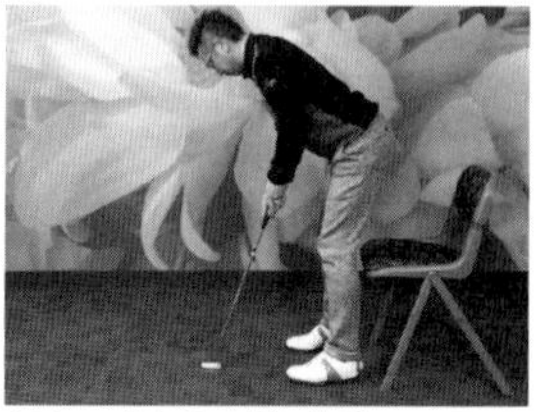
ほんの少しヒザを曲げて、ライ角通りにソールを地面に置いてポスチャーの完成

前傾している分、正面から見ると肩がタテに動いているように見えるが、意識としては、肩を水平に動かすのが正しい

手首、ヒジ、頭、下半身を固定する意識を持つ

ショルダーストロークをマスターするために、動かしてはいけない部分を明確にしておくことが大切です。その部分は、**「手首」**、**「ヒジ」**、**「頭」**、**「下半身」の4カ所**です。中でも**重要なのが手首**です。手首を使うと手元の動きは止まるのにヘッドだけが動き続け、いわゆる「手首をこねる」という動きになります。これをやってしまうと、肩の動きでヘッドに振り子運動をさせるショルダーストロークにならないことは想像できると思います。

ヒジに関しては、「ヘッドを真っすぐ引こう」とか「真っすぐ出そう」という意識が強いと動きすぎますが、これも動かしすぎると、〝肩を使う〟ショルダーストロークの妨げになります。また、下半身については、ショルダーストロークがイスに座ってできることからもわかる通り、ほとんど使わない＝動かさないことが大事です。「頭」については、次ページで詳しく説明しましょう。

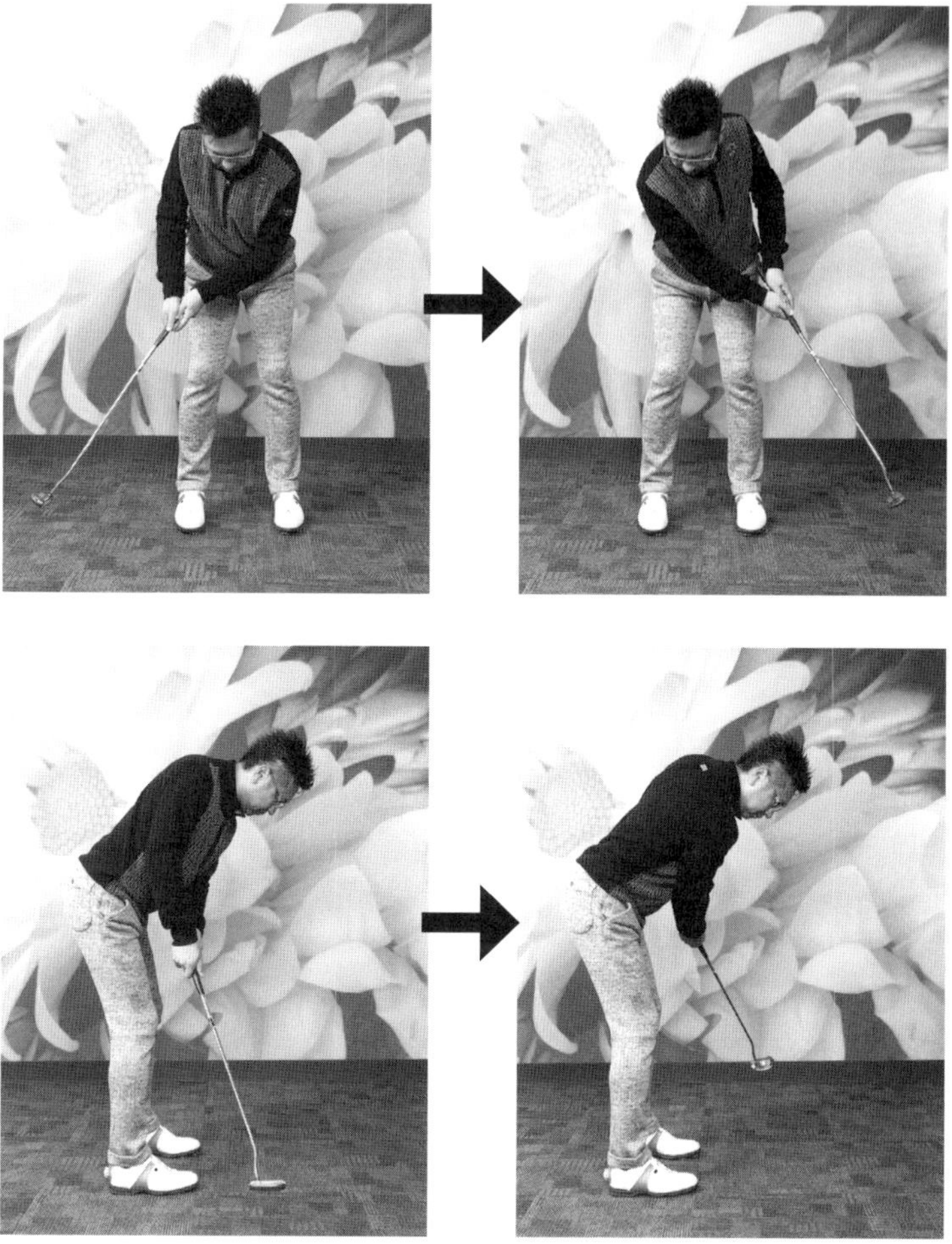

手首、ヒジ、頭、下半身を固定したショルダーストロークの型

距離感の感性を磨くために ルックアップを我慢する

ルックアップとは、打ち出したボールを目で追う行為で、これをたった2秒（インパクトからルックアップまでの時間）待てるかどうかがとても重要です。その理由は2つ。1つは、構えた方向にそのまま真っすぐ打てるショルダーストロークを完成させるため。もう1つは、距離感の感性を磨くためです。

インパクトと同時にルックアップしてしまうと、得られる情報はボールがどうなったかということだけになりがち。ですが、**たった2秒ルックアップしないだけで振り幅やどのくらいの衝撃をボールに与えたかなど、距離感を養っていくために必要な情報が残りやすい**のです。

方向性は、技術的要素の関与が大きいのに対して、**距離感を良くするには、いかに感性を磨くことができるか**がポイントになります。グリーンでの繊細なタッチを手に入れるためにも、2秒の情報源を大切にしてください。

少なくとも打ち終わって2秒はルックアップしないことが大事。これができないと距離感は育まれない

ヘッドの軌道はイントゥインが正解

パターの軌道についても、世のレッスン書ではいろいろなことが書かれています。ある人は、「真っすぐ引いて真っすぐ出すのが正しい」と言うし、ある人は、「パターに関しても、イントゥイン（インサイドイン）であるべき」と言います。果たして、どちらが正しいのか？　それとも、どちらも正しいのか？

結論から言うと、**正しいのはイントゥインの軌道**です。ハッキリ言って、**「真っすぐ引いて真っすぐ出す」というのは、ありえません**。その理由は、**ショルダーストロークでパターを真っすぐ引くというのは不可能だから**です。

68ページで、ショルダーストロークは、イスに座ってパターを水平に動かしていた動きを前傾姿勢になってやるだけという話をしましたが、実際にその通りにやると、ヘッドはわずかな湾曲を描きます。つまり、**正しいショルダーストロークをしていれば自然とイントゥインになる**ということです。

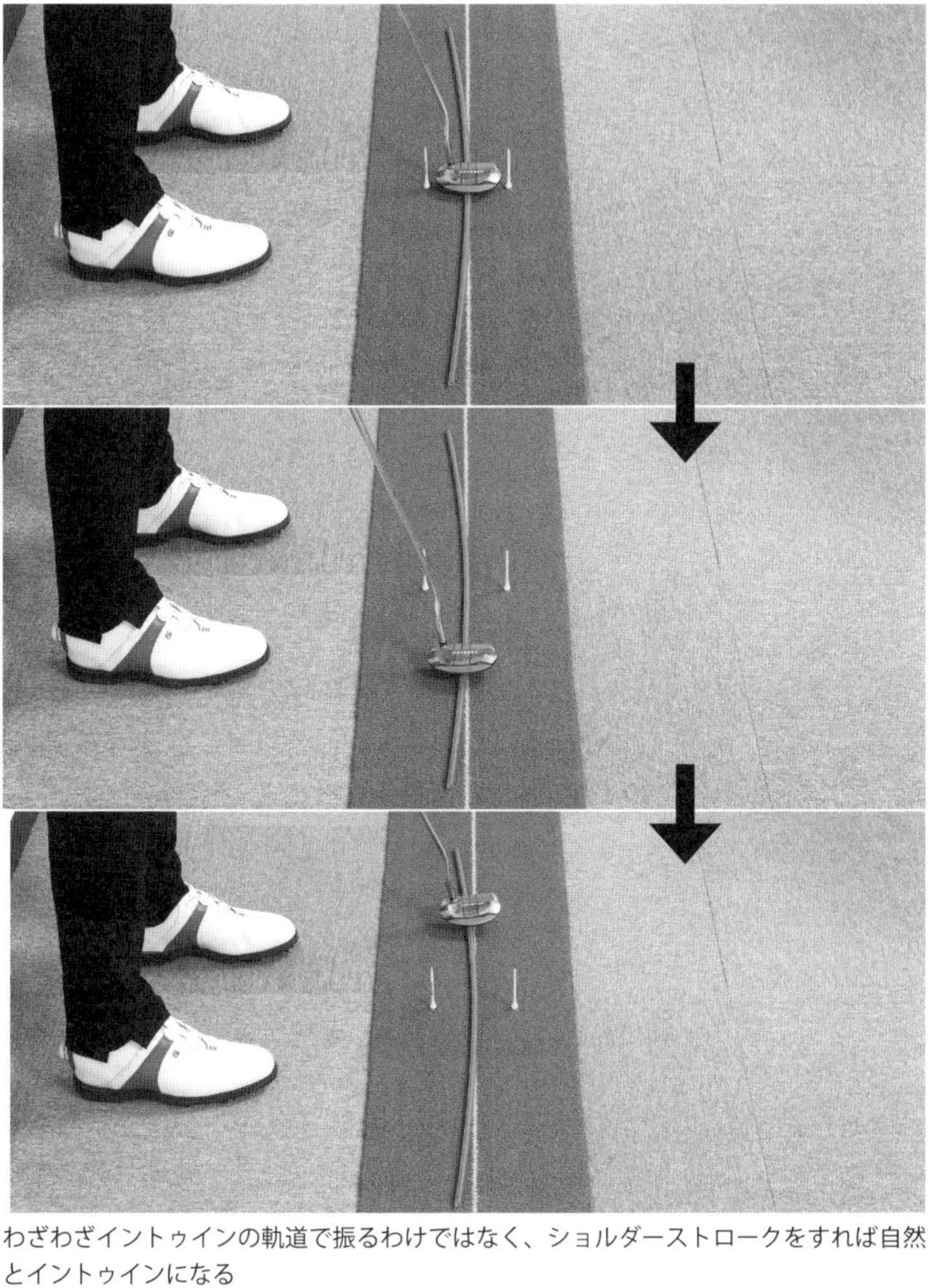

わざわざイントゥインの軌道で振るわけではなく、ショルダーストロークをすれば自然とイントゥインになる

短いパッティングはイントゥインに見えない

「イントゥインが正しい」という話をしても、「○○プロのストロークは真っすぐ引いて、真っすぐ出しているように見えるけど、どうして?」という質問を受けることがあります。おそらくそれは、ショートパットのストロークではないでしょうか。**イントゥインといっても、テークバックで思いっきりインサイドに引くわけではなく、その湾曲はごくわずか。**特にヘッドの動きが少ない**ショートパットでは、イントゥインには見えないことが多い**でしょう。

レッスンでよく耳にする、「ストレート軌道を意識しましょう」というフレーズも、ショートパットに特化したレッスンで使われることが多いようです。特に引っかけ気味の人に対して、「ヘッドを真っすぐ出すイメージでストロークしたほうがいいですよ」ということを言っているのでしょう。しかし、いかなる場合も軌道そのものが、ストレートになることはないのです。

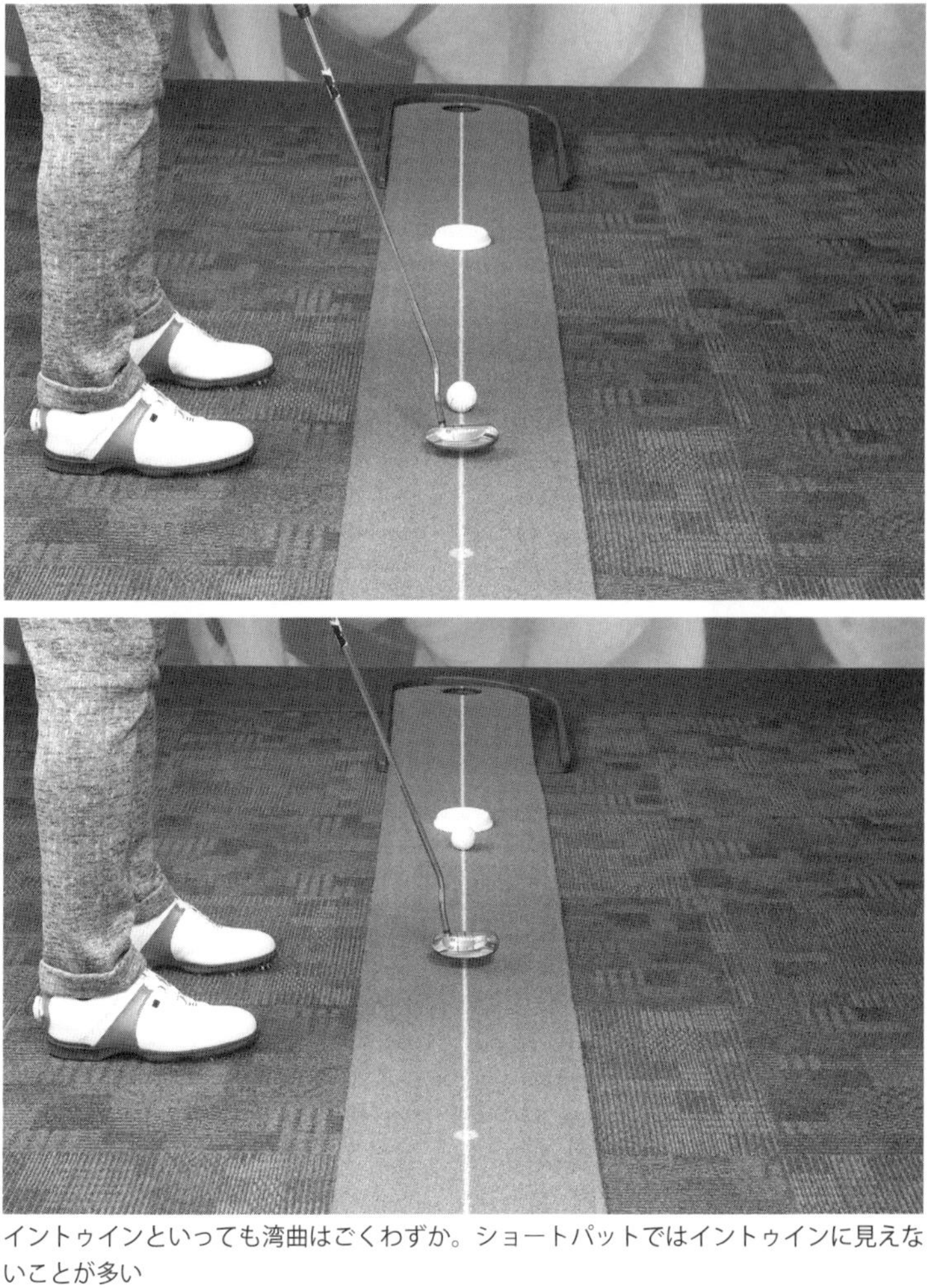

イントゥインといっても湾曲はごくわずか。ショートパットではイントゥインに見えないことが多い

フェースバランスパターも イントゥインで打つ

パターの軌道に関しては、フェースバランスのパター（パターを水平に持ったときにフェースが上を向くモデル。マレット型、大型マレット型、センターシャフトなどに多い）は、ストレート軌道で打ったほうがいいという人もいますが、これも間違い。何度も言うようですが、**ショルダーストロークをしている限り、イントゥインの軌道にしかならない**からです。

ただし、トゥヒールバランスのパター（パターを水平に持ったときにフェースが斜めを向くモデル。ピン型、L字型などに多い）に比べて、**フェースバランスのパターのほうが、湾曲が緩やかになる**のは事実です。とはいえ、その差はほんの少し。フェースバランスパターだから真っすぐ気味に、トゥヒールバランスだから強めのイントゥインで打つといったことをする必要はありません。構えた通りにショルダーストロークで打つことだけを心がけてください。

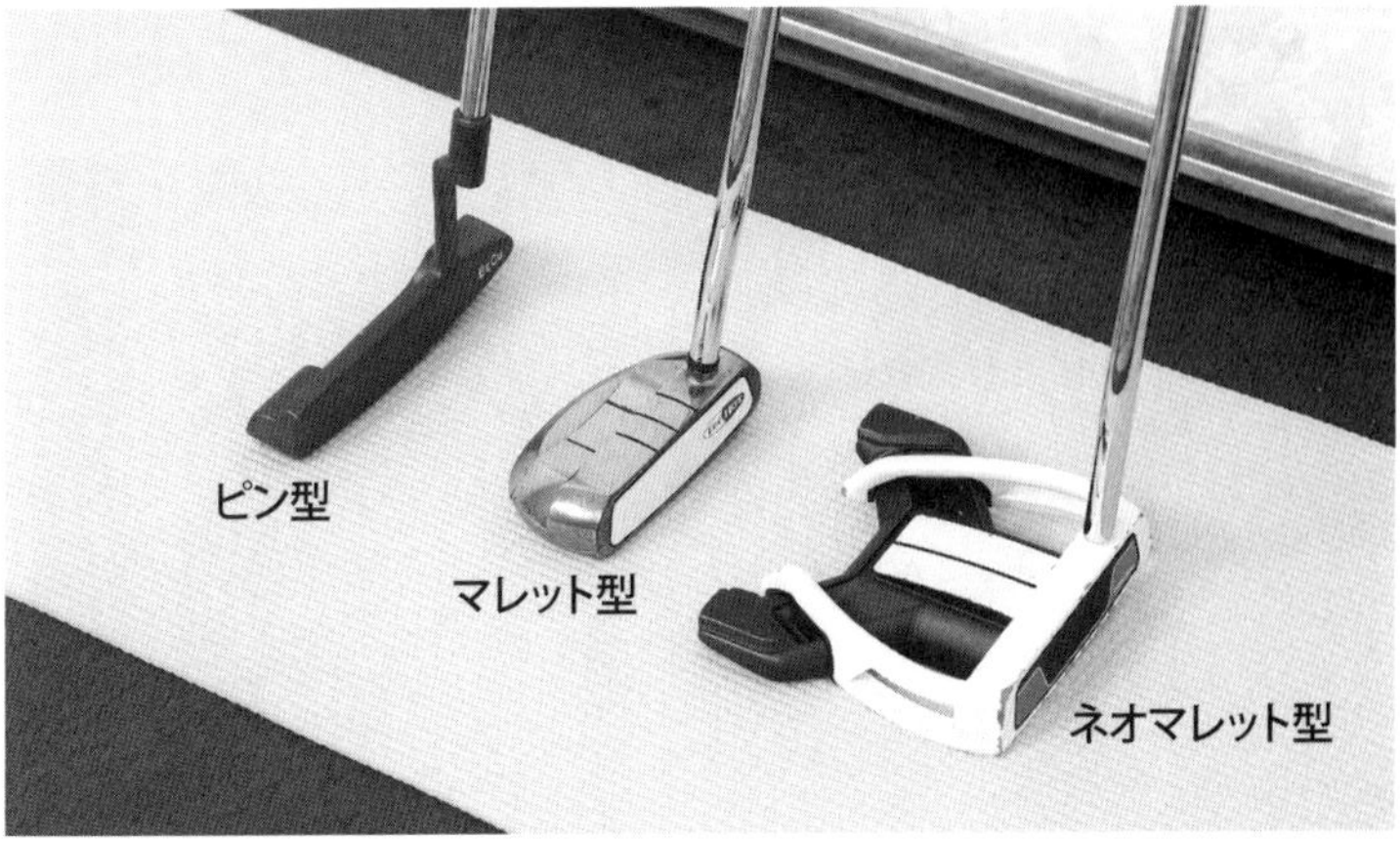

パターの種類に関係なく、すべて軌道はイントゥイン

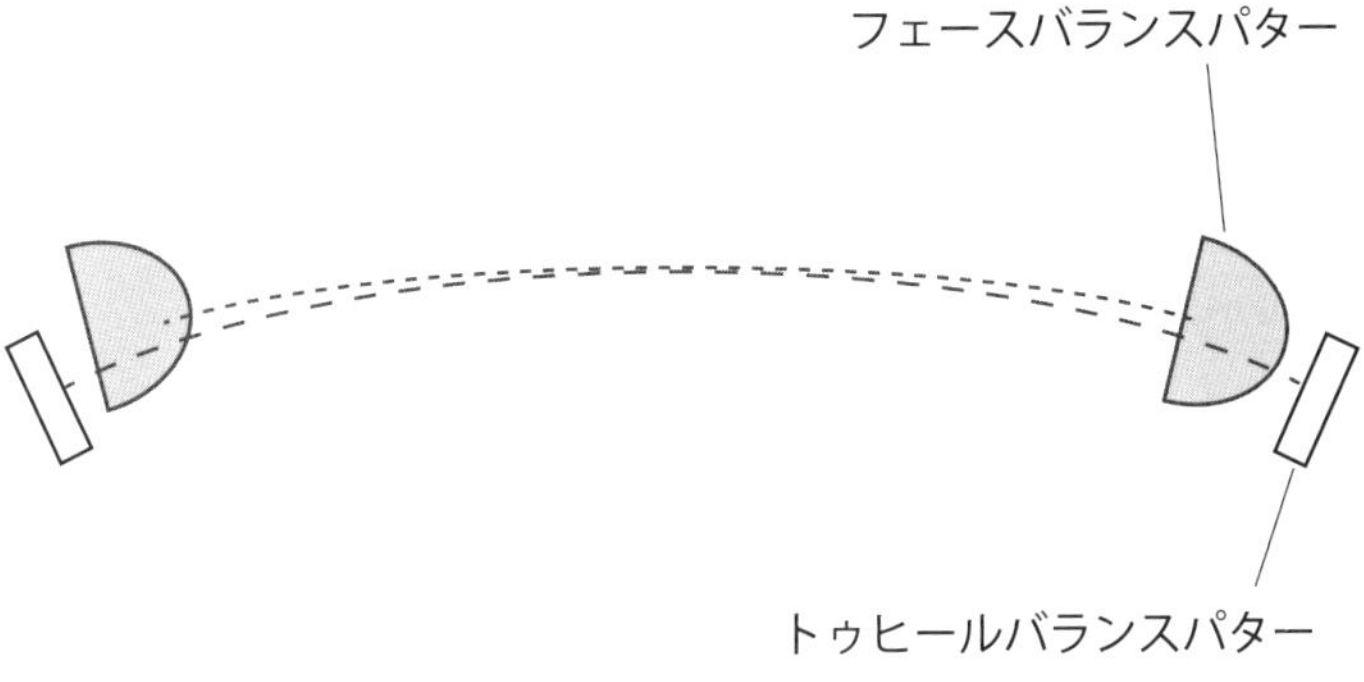

トゥヒールバランスパターに比べてフェースバランスパターのほうが、湾曲がやや緩やかになるが、その差はごくわずか

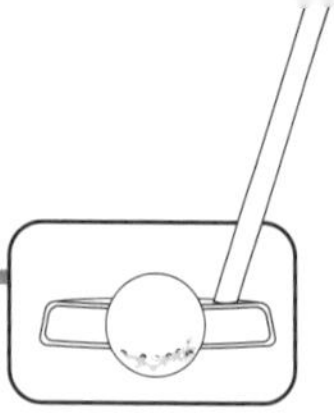

連続素振りでヘッド軌道をチェック

パターの軌道がイントゥインになっているかどうかは、パターヘッドの両サイドに、トゥ、ヒールとも1センチ前後の隙間ができるように障害物（ティーペグなど）を立て、**連続素振りをするとわかります**。

●フォロー方向にヘッドを出していくときに外側のティーペグに触れた場合↓バックスイングを真っすぐ引きすぎ

●フォロー側からバックスイング側にヘッドを戻すときに外側のティーペグに触れた場合↓フォローを真っすぐ出しすぎ

●フォロー方向にヘッドを出していくときに内側のティーペグに触れた場合↓バックスイングをインサイドに引きすぎ

●フォロー側からバックスイング側にヘッドを戻すときに内側のティーペグに触れた場合↓フォローをインサイドに出しすぎ

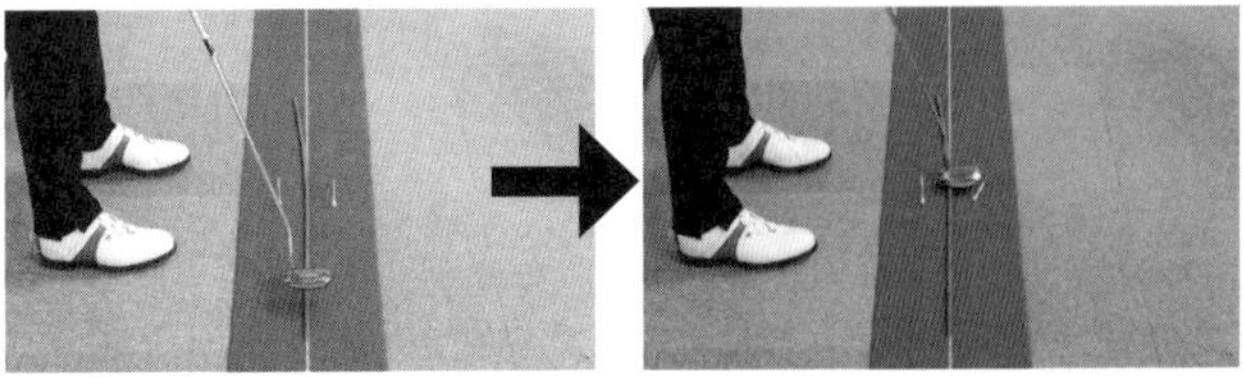

バックスイングを真っすぐ引きすぎると、インパクト～フォロースルーで外側の障害物に当たる

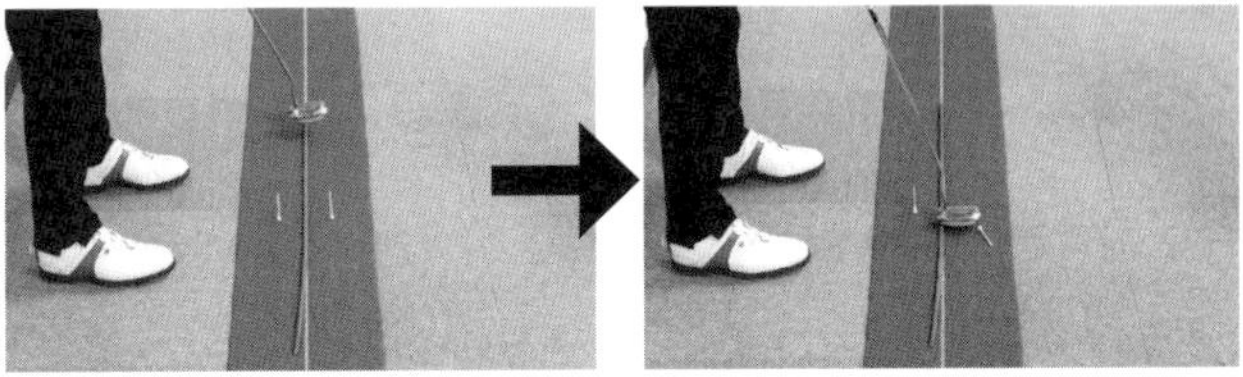

フォロースルーを真っすぐ出しすぎると、ヘッドを戻すときに外側の障害物に当たる

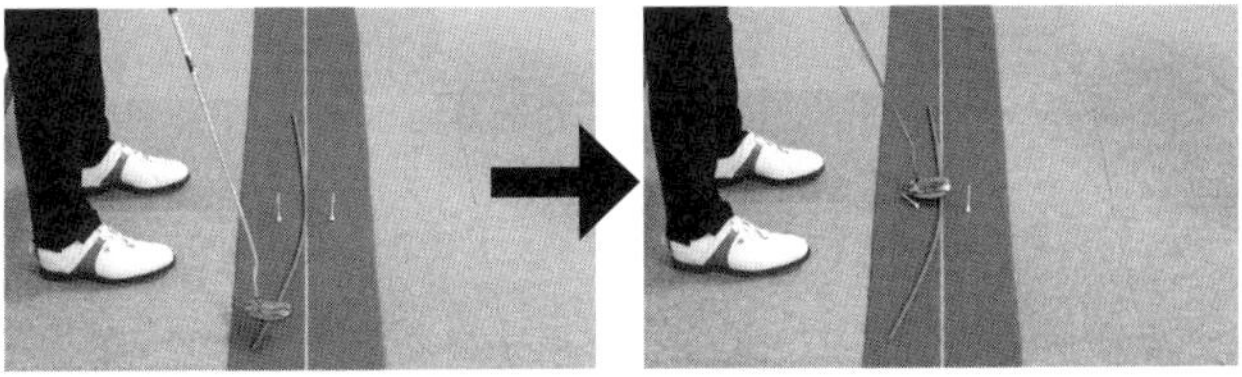

バックスイングをインサイドに引きすぎると、インパクト～フォロースルーで内側の障害物に当たる

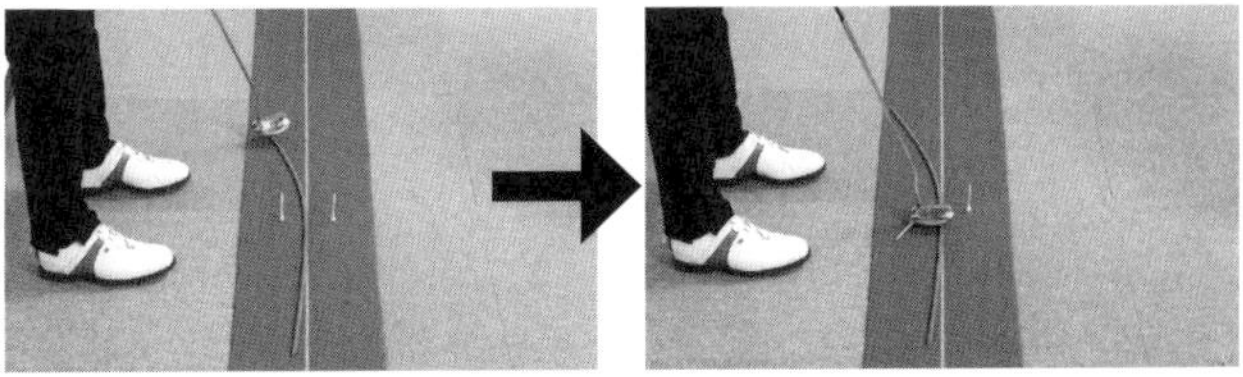

フォロースルーをインサイドに出しすぎると、ヘッドを戻すときに内側の障害物に当たる

2つのボールを同じ強さで打つには、4つの条件を揃えること

最初に打ったボールと同じタッチで2球目のボールを打つ。パッティングの上手い人は、そのような芸当を簡単にやってのけます。このように2個のボールを同じタッチで打つためには、4つの条件が揃っていなければなりません。その1は、**芯で打つ**こと。その2は、**ストローク中、握力を変えない**こと。ゴルファーの中には、インパクトでパンチが入ったり、下りのラインでインパクトが緩んだりする人がいますが、このようなことをやっていては2つのボールを同じ強さで打つことはできません。握りの強い弱いは関係なく、アドレスからフィニッシュまで、そして1球目も2球目も同じ強さで握ることが大切です。その3は、**振り幅を変えない**こと。

そしてその4が**テンポを変えない**です。いつも同じテンポでストロークができるかどうか？　このテンポについては、次ページで説明します。

2つのボールを同じ強さで打ち出すための4つの条件

①芯に当てる

②ストローク中、握力を変えない

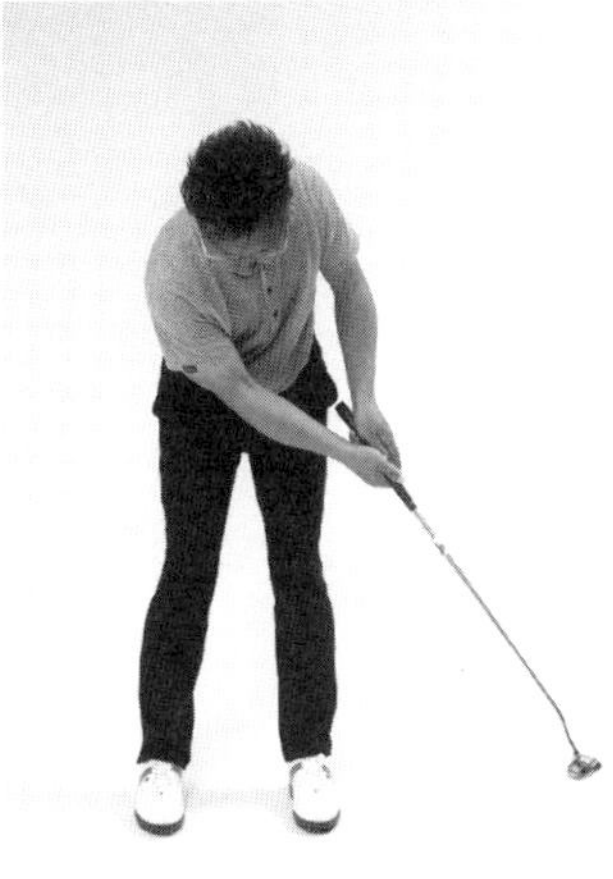

③同じ振り幅で振る

④同じテンポで振る

メトロノームで体にテンポを刻み込む

距離感にテンポは大きく関与します。同じ振り幅でもテンポが変われば結果が変わるからです。1で「ソール（ボールの後ろにヘッドをセット）」、2で「バックスイング」、3で「インパクト」。**テンポというのは、この3拍子を刻むときの速さ**のことで、この速度が打つたびに速くなったり遅くなったりしてはいけません。さらに付け加えれば、**振り幅の大きさに関係なく、常にテンポは同じ**。つまり、打つ距離が1メートルでも10メートルでも、「ソール↓バックスイング↓インパクト」にかかる時間は同じということです。

テンポを身に付けるためには、メトロノームを使った練習が必要です。メトロノームを65ビート（私の推奨テンポ）にセット。そのテンポに合わせて、「ソール↓バックスイング↓インパクト」と打ちましょう。そして、メトロノームがなくても同じテンポで動けるように**65ビートを体に刻みましょう**。

ピッ（1)、ピッ（2)、ピッ（3)
1で**ソール**（ヘッドを地面にトン）
2で**バックスイング**をスタート
※フライングに注意
3で**インパクト**

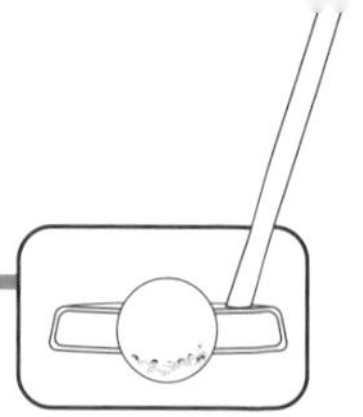

距離感を育む
オリジナルの〝感育マット〟

パッティングにおいて重要な距離感。それがあるかないかは、練習グリーンで3球打てばわかります。3球ともカップに寄った場合、また、1球目は寄らなかったけど2球目、3球目が寄った場合は、距離感のある証拠です。

しかし、1、2球目は寄ったけど3球目は寄らなかった場合は、距離感がないといえます。その理由は、**距離感の源は、〝記憶力〟**だからです。1球目が弱かったから2球目は少し強めに打つ。このように1球目の記憶があれば、それを基準に調整できますが、**記憶がなければ、常に行き当たりばったりのストロークしかできない**ということになります。そしてこの**記憶の積み重ねが、その人の感性となっていく**のです。そこで、ゴルフに必要な感性を育むために、左ページの写真のような練習器具を作りました。その名は〝感育マット〟。これで練習を積めば、ある程度、家で距離感を養うことができます。

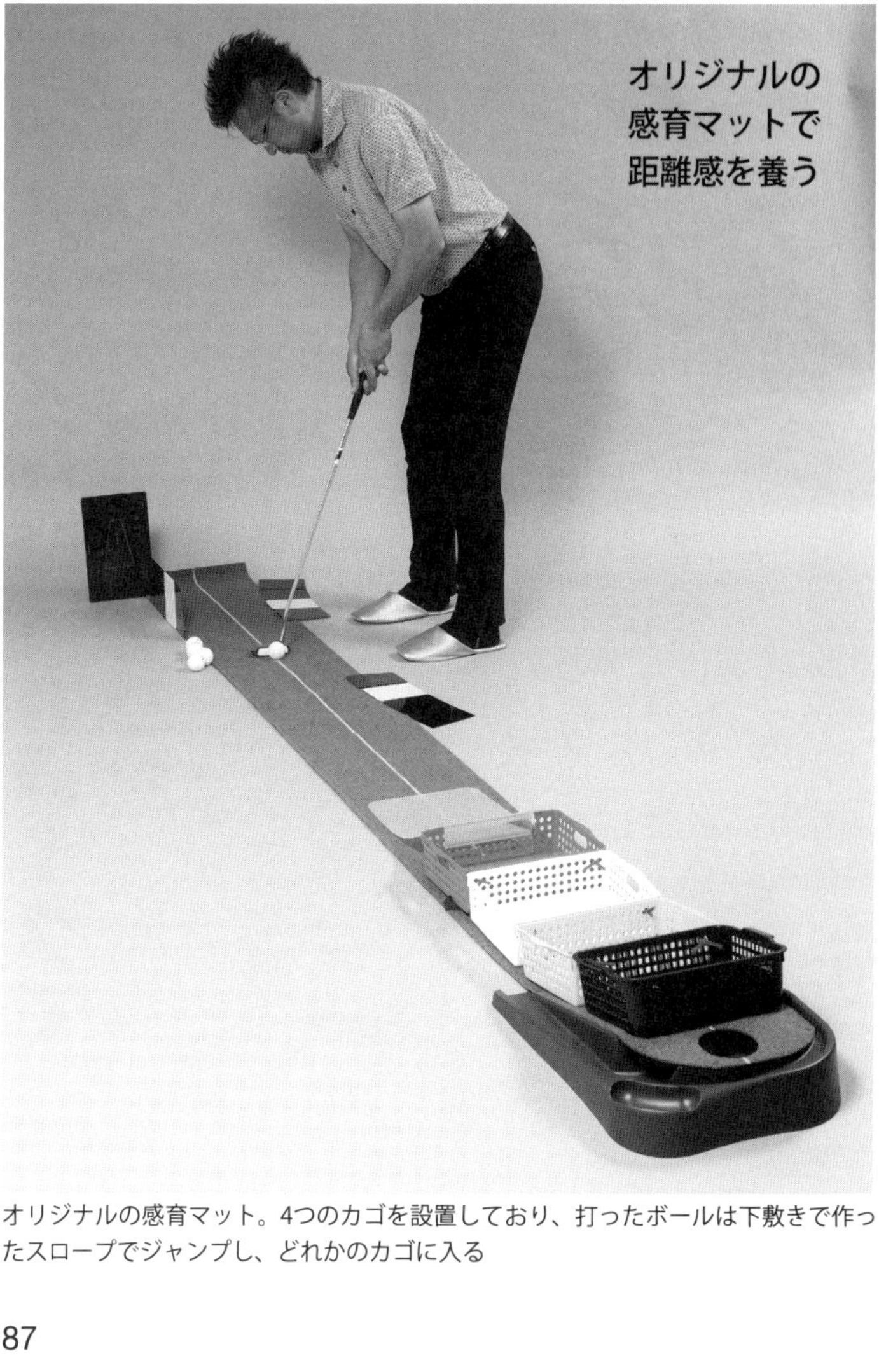

オリジナルの感育マット。4つのカゴを設置しており、打ったボールは下敷きで作ったスロープでジャンプし、どれかのカゴに入る

イメージしたストロークで狙ったカゴに入れる

〝感育マット〟は、一般的な家庭用パターマットのカップのほうに4つのカゴ（ゴールボックス）を並べ、その手前に下敷きのジャンプスロープを付けたもの。まずボールを打ち、その行方を追わないでどのカゴに入ったか想像します。そのあとに、ボールの入ったカゴを確認します。最初の段階では、想像したカゴにボールが入っているかどうかをポイントに練習をしましょう。

次の段階では、自分の入れようと思ったカゴに入れる練習をします。イメージ通りに打って、そのカゴに入っていればOK。強い（あるいは弱い）と思ったのに狙ったカゴに入った場合は、ここでは失敗だと思ってください。

カゴへの導入に用いているジャンプ台（下敷き）の設置の仕方にもよりますが、この練習器具で4メートル（赤）、8メートル（白）、12メートル（青）、16メートル（黒）の距離感が養えます。

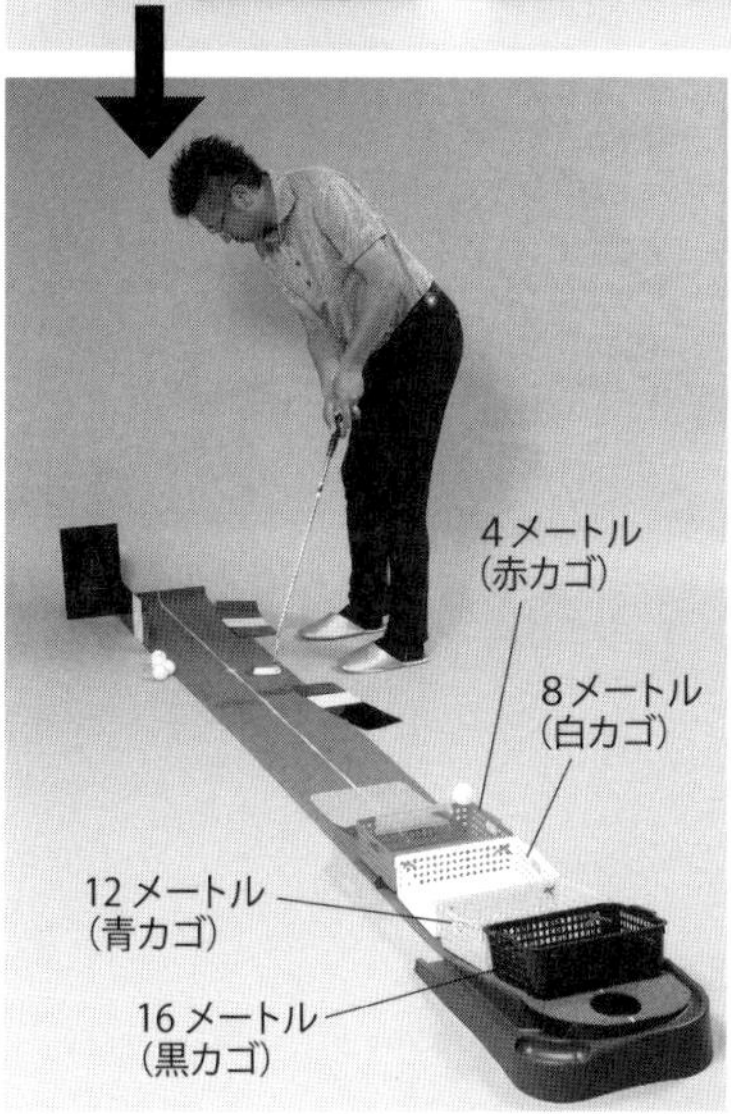

どのカゴに入れるかを決めてストローク。カゴに入る瞬間は見ないで予想で当てる。このドリルもメトロノームでテンポを刻みながらやるように

狙った方向に転がす技術も身につけておこう

パッティングでは、狙ったラインに打ち出すことが大事です。当然のことだと思うでしょうが、この**当たり前のことができていない人が結構います**。

たとえば、ボールから80センチぐらいのところに、ボールが2個通過できる程度のゲートを置いて打ってもらうと、ほとんどの人が1メートル前後のショートパットを打つときのような小さい振り幅で打ってボールを通過させようとします。そしてこの場合は、ほぼ１００％の確率で成功します。

ところが、「10メートル先のカップを狙うつもりで打ってください」というと、成功率は大幅に下がります。距離が長くなるほど振り幅も大きくなるので、当然の結果といえばそれまでですが、ここで問題なのは、この事実を認識していない人が多いこと。**自分では、「常に狙った方向に打ち出せる」と思い込んでいる人が多い**ということです。

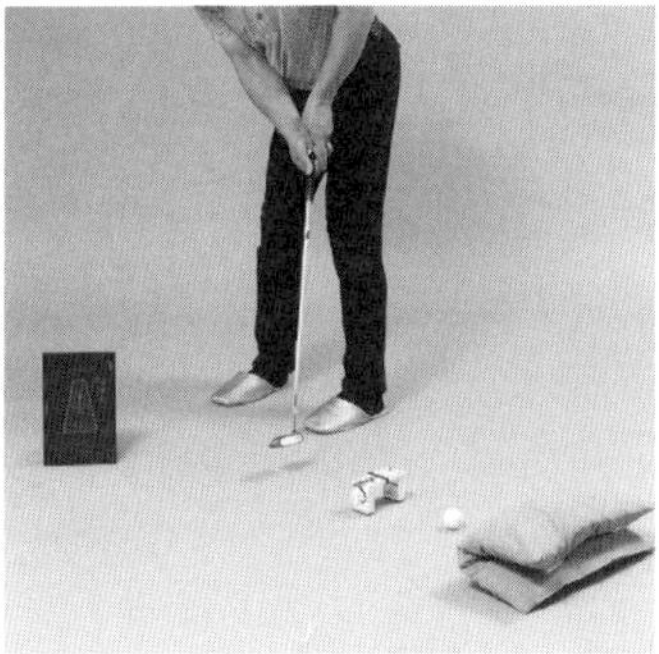
80センチ先にゲートを置き、それを通すドリル。ゲートの先にクッションを置いておけば、どんなロングパットの練習もできる

80センチ先の円形のターゲットを狙ってストローク。真っすぐ打ち出せば、ボールはこちら側にはね返ってくるが、ズレると外れた方向にはね返るのでルックアップしなくても確認できる

大きな振り幅が必要なときでも狙ったラインにきちんと打ち出すためには、そのための練習が必要です。

80センチ先にゲートを置いてそれを通過させるドリルもそのひとつ。障害物の先にクッションを置いておけば、ロングパットを想定した練習も可能です。

また、**円形のターゲットを置いての練習**も効果的です。ボールが真ん中に当たれば真っすぐはね返り、手前に戻ってきますが、ズレるとズレた方にはね返ってくるのでルックアップしなくてもズレを確認できます。これらのドリルで、狙った方向に転がせる技術を身につけておきましょう。

COLUMN 3

パター選びのポイントは？

アマチュアゴルファーの中には、パター選びに悩んでいる人も多いようです。プロや上級者は、「打感」、「音」、「方向性」などいろいろこだわりを持って選んでいるようですが、**最も優先すべきは、ヘッドがターゲットに向いていることがわかりやすいかどうか**。つまり、**真っすぐを認識しやすいヘッド形状かどうか**です。これに関しては、自分ではなかなかわかりにくいので、ショップのパターブースでカップなどを狙ってみて、ヘッドがターゲットに正しく向いているかどうかを第三者に後ろから確認してもらうことをお勧めします。

また、シャフトの長さやグリップ形状も重要なポイントになります。第1章でも触れていますが、**長すぎるものは禁物**。グリップに関しては、太さ、重さ、形状などバリエーションが豊富なので、できるだけ**手になじむ、しっくり感があるものを選ぶ**ようにしましょう。

第3章

グリーンの傾斜の読み方をとことん考える

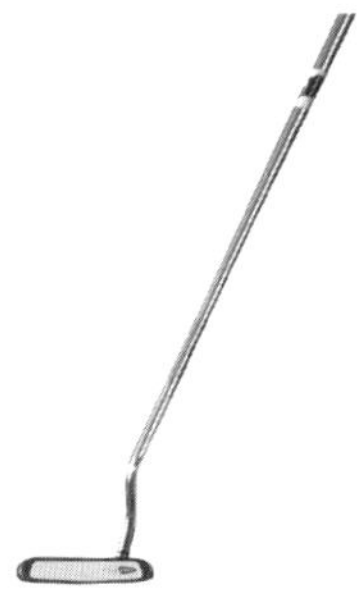

寄せるパットから
入れるパットまで……。
あらゆる傾斜が読めると同時に、
読むことが楽しくなる
感性に導く

読む感性を育むには予想と実証を繰り返すべし

パッティングの精度を上げるには、グリーンを読む感性が必要です。いかにいいアドレスでいいストロークができたとしても、読みが外れていたら**カップに寄ったり、入ることはない**からです。

ではどうすれば、グリーンを読む力がつくか？　スキルアップするために大事なのは、**予想と実証を繰り返す**ことです。カップまで下っているのか上っているのか。また、フックするのかスライスするのか。そしてその予想も、「少し下っているかな？」、「軽くフックするかも……」というような曖昧な予想ではいけません。グリーンが速い場合は、普通に打ったときと比べて何倍くらい転がるのか、スライスならカップ何個分曲がるのかをきちんと予想することが重要なポイントになります。

そして次の段階として、**その予想が合っているかどうかを、実際にパッティ**

きちんと予想と実証を繰り返すことで、グリーンを読む感性が育まれる

ングをして確認します。これが実証です。この時点では、カップインするかどうかはそれほど重要ではありません。予想通りならそれで結構ですが、「たまたま、偶然入った」は、あまり意味がないからです。

ここで大事なのは、**予想と現実がどれだけズレているかを知る**こと。そのためには予想した通りに打てる技術を家練で磨いておくことです。

「読んでも読んだ通りに打てない……」、「アドバイスをもらってもその感じで打てない……」。これでは実証ができないので、いつまで経っても読みの感性は育たないのです。

グリーンの傾斜は
ラインの横から確認する

ラインはどこから読むのが一番いいか。一般的にはボール後方から、あるいはカップの後方からラインを読んでいる人が多いようですが、この2カ所から見た場合、3割程度の情報しか得られません。では、どこから見れば残りの7割の情報が得られるのか？　答えは**横方向**です。

具体的に言うと、**ボールとカップを結んだ線の中間地点から伸びる垂線の延長線上で、しかもボールとカップ間の距離の半分以上離れた位置**（私は「Tゾーン」と呼んでいます）。たとえば、ボールからカップまでの距離が10メートルの場合、その中間地点から5メートル以上離れたところから見ればいいのです。横から見るとなぜいいかは、「百聞は一見に如かず」です。一度Tゾーンからグリーンを眺めてください。ボールの後ろから、あるいはカップ側から見るよりも、傾斜がハッキリとわかるはずです。

Tゾーンから見ると傾斜の程度がよくわかるし、距離感もつかめる。低い位置から見ることができれば、より傾斜が明確になる

さらに、ラインを明確にするためのポイントがあります。一つは、**できるだけ遠い位置から見る**こと。もう一つは**できるだけ低い位置から見る**ことです。

たとえば、部屋の壁にかかった額が真っすぐになっているかどうかは、離れてその額に目線を合わせると確認できますが、この原理と同じ。ラインから離れてグリーン面に近い目線で見た方がより傾斜が明確になります。以前、グリーンにはいつくばってラインを読んでいたプロがいましたが、あれはあれで理に適っていたのです。もちろん、あそこまでやる必要はありませんが、とにかく低い方の横（Tゾーン）に行くことです。

判断不能の場合は真っすぐで勝負

「傾斜はTゾーンで確認しましょう」と言いましたが、ボールの後ろからは見なくてもいいと言っているわけではありません。パッティングをするときには、当然ボールのところに行くわけですから、そのとき、自分の読みが正しいかどうか確認を。ただし、ここで迷ったら、Tゾーンで得た情報を信じること。

また、**Tゾーンから見ても、ボールの後ろから見ても傾斜がよくわからないときは、「〝ド〟真っすぐ」の可能性があります**。「〝ド〟真っすぐ」の場合、スライスにもフックにも見えることがあるからです。だから、迷ったら、ストレートラインだと思って打つのも一つの方法です。

このようにラインを読み、その読み通りにパッティングをして自分の読みが正しかったかどうかを検証する。**この積み重ねが、感性を育てます**。だから、一つひとつのプレーを疎かにしないで、しっかり感性を磨いてください。

しっかり結論を出してから打ち出す方向を決めてアドレスに入る。どうしてもラインが読めないときは、真っすぐで勝負

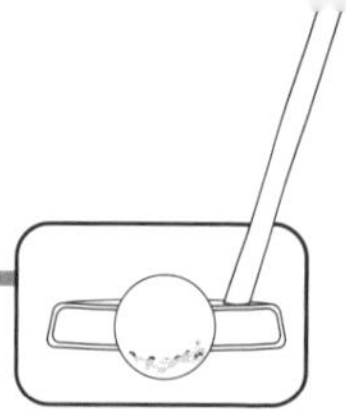

グリーン面が見えたときから パッティングは始まる

傾斜はできるだけ低い位置から見たほうがいいのですが、アマチュアゴルファーの中には、「どっちが高くてどっちが低いかがわからない」と言う人もいるはず。これに関しては、**グリーンの手前で確認する**のが鉄則です。**パッティングが上手い人ほど、グリーンのことを早く知りたがる**もの。グリーンが見えてきた時点で、どこが高くてどこが低いか、カップとボールの位置などの情報を集め始めます。そういう意味では、**グリーン面が見えたときからパッティングは始まっている**といっても良いでしょう。

ボールとカップを結んだ線のどちら側が低いかを判断した時点で、すでにスライスラインかフックラインかがわかったということになります。あとは、その傾斜の度合いを読み、どれくらい曲がるか、また、上りか下りかを確認して、打ち出す方向と距離感を判断すればいいのです。

グリーン面が見えてきた時点で情報収集。特に高低差は、遠くから見るほどよくわかる

ショートパットは1点を狙う

ショートパットでラインがストレートの場合、カップのど真ん中を狙います。しかし、傾斜があり、「曲がるかも……」と予想されるケース、たとえばスライスラインのとき、左方向に打ち出すわけですが、**このときの狙いは曖昧ではいけません**。最低でも次の3つの狙い方だけは心得ておきましょう。

（1）曲がりそうだけど曲がらない可能性もあるときの狙い位置。

（2）真っすぐではないが、ほんの少ししか曲がらないときの狙い位置。

（3）打ち出しからカップインまで約10センチ（カップ1個分前後）曲がるときの狙い位置。

狙い所が決まったらその1点（マーカーぐらいの大きさ）を狙うつもりでストロークをしましょう。ショートパットでは微妙なずれが命取りになることを覚えておいてください。

ストレートのラインならど真ん中を狙う

（1）の場合は、カップの左縁と真ん中の中間点を狙う

（2）の場合は、カップの左縁を狙う

（3）の場合は、カップの左縁からさらにボール1個分左を狙う

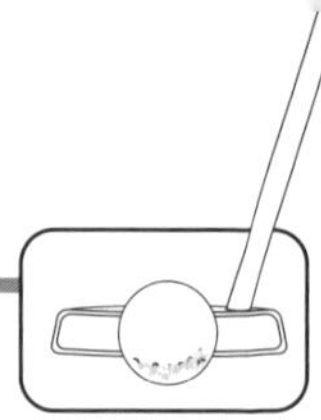

ベストタッチはカップ4つオーバー

もっともボールがカップに入りやすい強さ、いわゆる〝理想的なタッチ〟というのはどれくらいの強さなのか？　アマチュアゴルファーの中には、**距離ぴったりの〝ジャストタッチ〟**が最高の強さだと思っている人がいるようですがそうではありません。確かに最後のひと転がりで入ると何ともプロっぽくてカッコよく見えますが、カップに入る確率という点では理想的とは言えません。

理想は、**カップを4つぐらいオーバーする強さ**。カップ4つというと約40センチ。どんなラインでもカップの真上を通過し、40センチぐらい先で止まるのが理想的で、**これを〝ベストタッチ〟と言います**。

もうひとつ、タッチには**強めに狙う〝アタックタッチ〟**というものもあります。これは、曲がるラインでも、ラインを浅めに読んでねじ込んでしまおうというときに使うもので、**カップ8つオーバーするくらいの強さ**です。

左から、「ジャストタッチ」、「ベストタッチ」、「アタックタッチ」

カップ4つオーバーがベストタッチ。文字通り、基本的にはこの強さで狙うのが"ベスト"

タッチに関しては、自分の好きなタッチで狙えば良いのですが、忘れてはいけないのは、スライスラインやフックラインなどボールが曲がるラインの場合、タッチによってその膨らみ方が変わるということ。当然のことながら、それによって打ち出す方向も変わってきます。

また、距離が長い場合は、ジャストタッチ狙いが基本になります。たとえば15メートルを、「カップ4つオーバー」で狙うのは至難の業。**長い距離は、2パット狙いで距離を合わせていく**というのが一般的。カップを中心に、半径カップ8つ分ぐらいの円の中ならオーバーでもショートでも「良し」としましょう。

上り下りの距離感は平地の距離感±で決める

上り、下りのラインではどうやって距離感を出せばいいのかわからない。アマチュアゴルファーの中にはそういう人もいるようですが、そう難しく考えることはありません。**平地での距離感に、上り分、下り分をプラスしたりマイナスしたりすればいいだけ**です。一つの例を上げると3メートルで少し上りだったら、3・5メートルの距離感で打つといったようにすればいいのです。

また、**上りと下りが混ざっている場合は、まず、傾斜の境目を見つけてください**。上って下っている、あるいは下って上っているわけですから、必ずどこかにその境目があるはず。そして、その境目を見つけたら、その地点が、ボールとカップとを結んだ線のどこにあるかを確認します。

たとえば、ボールからカップまでの距離が10メートルで、境目が中間点にあったとしたら、10メートルの距離感で打っていけばいいのです。

平地の距離感を基準に＋α、－αをすれば、上り下りも怖くない

また、４メートル上って６メートル下るというのであれば、下りをやや多めに計算しましょう。

もうひとつ、境目が中間点にあっても、上りがきつく下りは緩やかというケースもあります。その場合は、上りをやや多めに計算します。

あとは応用編です。どんなに複雑な上り下りでも、とにかく**上りの影響が勝るのか、それとも下りの影響が勝るのかを判断しましょう**。

大事なのは、きちんと予測して打ち、その結果がどうだったかをしっかり記憶すること。その積み重ねがあなたの距離感を向上させるのです。

スライス、フックはラインに惑わされないように

人によってスライスラインが苦手、フックラインが苦手というのがありますが、打ち方は同じ。**打ち出す方向に向かって真っすぐ構えたら、そちらに打ち出すだけ**です。上手くいかないのは、余計なことをやってしまうから。スライスラインでは左に打ち出さなければいけないという意識が強すぎて左に引っかけたり、逆にフックラインは押し出したりするケースが多いようです。

また、スライスラインを苦手にしている人が多いというデータがあります。その原因として次の4つが挙げられます。**「アドレスで右を向いている」**、**「ボールポジションが遠い」**、**「構えたときからフェースが開いている」**。**「ボールポジションが右足寄り」**、これらのミスは、いずれもボールが右に出る原因となり、スライスラインに上手く打ち出せなくなります。スライスラインが苦手な人はこれらのミスを1つずつ消していきましょう。

スライスラインで左に引っかけようとする人が多い

フックラインだと右に押し出そうとする人が目立つ

アドレス全体が右を向いているケース。当然ボールは右に出る

ボールを右足寄りに置いてしまうと、フェースが開いた状態で当たるので右に出やすい

ボールの位置が遠すぎるとバックスイングがインサイドに入りすぎるので押し出しやすくなる

構えた時点でフェースが開いているという人も多い

最初の傾斜を無視すればスネークラインも怖くない

パッティングのラインには、スライス、フックが混ざり合った、〝スネークライン〟と呼ばれるラインがあります。このようなラインでも、基本となる攻略法さえ覚えておけば、慌てることはありません。

大原則として覚えておきたいのは、「**ボールのスピードが速ければ曲がらない**」ということ。それともう一つ頭に入れておきたいのは、「**ボールのスピードは、打ち出した直後が最も速く、止まる寸前に遅くなる**」ということ。だから、「フック→スライス→フック」というラインでも、最初のフックラインは、それほど傾斜の影響を受けず、次のスライスラインも、普通のスライスラインほど曲がらないと考えていいでしょう。**最も傾斜の影響を受けるのは、ボールのスピードが弱まる最後のフックライン**。だから、カップに沈めるためには、最後のフックラインをいかに読むかが重要なポイントになるのです。

打ち始めは曲がりが少ないスネークライン。最後の傾斜をどう読むかがポイント

スパットはボールの先30～80センチに見つける

打つべきラインが決まったら、打ち出す方向に対してスパットを見つけます。どこにスパットを見つけるか？　先の方に設定してしまうと見失う危険性もあるし、打ち出す方向もぼやけてしまいます。だからといって手前すぎても、ボールとスパットを結ぶ線が短くなってしまうので、ラインがイメージしづらくなります。私がお勧めしているのは、**ボールの先30～80センチの間**。この間にスパットを見つければ、**打つべき方向もラインもしっかりイメージできます。**

また、**スパットを探すときに注意したいのが、ボールに近づきすぎないこと**です。近づきすぎると、最も大事なターゲットに対しての〝真っすぐ〟を見誤ってしまうことになるからです。

ボールの後方、というのはもちろんですが、1～2メートル後方からしっかりラインを確認し、そのライン上にスパットを見つけましょう。

打ち出す方向が決まったら、ボールから30 〜 80センチの間のライン上にスパットを見つける

構えが完了するまでスパットから目を離さない

ゴルファーの中には、「スパットを見つけても、すぐに見失ってしまう」と言う人がいますが、これは絶対に避けたいです。せっかく見つけたスパット。**「何があっても見逃さないぞ」**という気持ちでアドレスに入りたいです。現に**ツアープロたちは、アドレスに入る前、地面を睨みつけている**でしょう？　そのスパットがどれだけ大切かを知っているから、あの形相になるのです。

そして、ボールの近くまで来たら、スパットからボールにスーっと目でラインを引き、そのラインに真っすぐ（両足ツマ先のラインがその線に対して平行になるように）構えます。これに関しては、家練で練習済みとしましょう。

そして、**真っすぐに構え終わったら、スパットのことは忘れてください。**「それで方向性は大丈夫？」と思うかもしれませんが、すでにあなたは正しい向きに構えているので、それ以上、方向性を意識することはないのです。

スパットを見つけたら、ボールに近づき、スパットからボールに目でラインを引くまでスパットから目を離さないように

構えに入るときに「私が打っていいですか？」とか「松本いきます！」など気が散ってしまうと、どんなにパッティングの練習を積んでも成果が出にくい

ボールの線を目標に合わせるのは至難の業

プロ、アマを問わず、ゴルファーの中にはスパットに対して構えるのではなく、**ボールに入れた線に対して真っすぐ構える**という人もいます。一見、とても良い方法のように見えますが、実はこのやり方には落とし穴があります。

目標に対してボールの線を合わせるということが、実は至難の業であるということ。私もかつてこの方法でプレーをしていました。そして、打ち出したい方向にボールの線を正しく合わせる練習をかなりしました。それだけ合わせるのが難しいということです。

それと、アマチュアゴルファーの場合、**ボールの線に対してフェースを直角に置くことができていない**こともあります。これは目の錯覚によるものですが、自分では直角のつもりでも、フェースが開いていることがよくあるのです。

それでも皆さんが、ボールの線を利用して構えたいというのであれば、手を

ボールに線を入れて目標に合わせるのはかなり難しい。もしどうしてもやりたい場合は、ボールからできるだけ離れた位置で合わせるように

思いっきり伸ばして届く位置まで後方（カップとは反対方向）に下がり、**ボールから離れたところから線を合わせる**ようにしてください。そうすれば、少しは合いやすくなります。

また、練習（家練）の際は、**ボールを置いたあと線に合わせてスティックを置き、狙った方向に向いているかどうかを確認**してください。最初は短い距離から始め、次第に距離を長くし、長い距離でもきちんと合うかどうかも確かめましょう。

こういう練習をせずに、安易にボールの線を利用するとなかなか上達しないということをお伝えしておきます。

COLUMN 4

プレシャーに打ち勝つには

パッティングのプレッシャーに強くなるための最善の方法は、ファーストパットであろうがセカンドパットであろうが、また、ショートパットであろうがロングパットであろうが、バーディパットであろうがボギーパットであろうが、**いかなるパットも〝同じことを意識〟してプレーする**ことです。

そして**その意識の出来不出来に点数をつけましょう**。たとえば、「打ってから2秒間は顔を上げない」と決めたなら、それができれば100点、できなければ0点。意識することが4つある場合、1つできなければ75点といったように。**プレッシャーがかかるパッティングでも、100点を獲得することだけを意識**する。そうすれば、〝**ストロークを狂わす〟という意味でのプレッシャーは取り除かれる**ので、練習通りのストロークに近づくはずです。

第4章

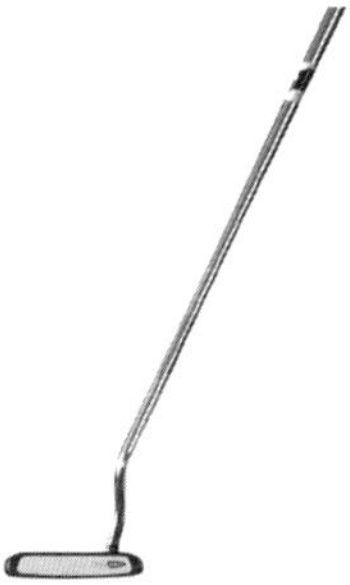

ラウンドで失敗しないために……。
スタート前に
ぜひともやっておきたい
パッティンググリーンでの
練習メニューを紹介

日頃の成果をコースで発揮！効果的なパッティンググリーン練習法

練習時間	ドリル1の時間
5分	――
10分	1分
20分	1分

ラウンド前のパッティングの練習時間に応じて、ドリルを紹介しています。たとえば、練習時間が10分の場合、ドリル1（1分）、ドリル4（2分）、ドリル6（4分）、ドリル7（3分）を行いましょう。

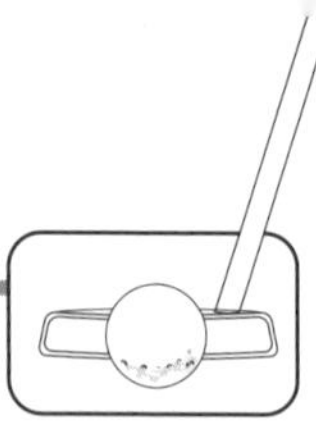

ドリル1 ストロークの安定を目指す 連続素振り

練習時間	ドリル1の時間
5分	——
10分	1分
20分	1分

皆さんは、ショットの練習のとき、いきなりボールを打ち始めるのではなく、最初に素振りをしますよね。**パッティングでも、スタートは素振り**です。まず、パターのヘッドが通る広さ（ヘッドの長さ＋ボール半個分ずつ広げた程度）にティーを2本刺します。そして、ティー2本を結んだ線に対して垂直にスティック（アイアンでも可）をセット。次に、ティー2本の中央にパターの重心を置き、両足のツマ先をスティックと平行に。もちろん、グリップやポスチャーなど家練の成果を出しましょう。そして、**ティーに触れないように連続素振り**。最初は小さな振り幅で始め、徐々に大きくしていきましょう。

　このドリルは、家練で習得したアドレスの再確認と、ストロークの安定を目指したもの。また、固まった体を解し、ショルダーストロークを体に呼び起こすなど、**ストレッチ効果も期待できます**。

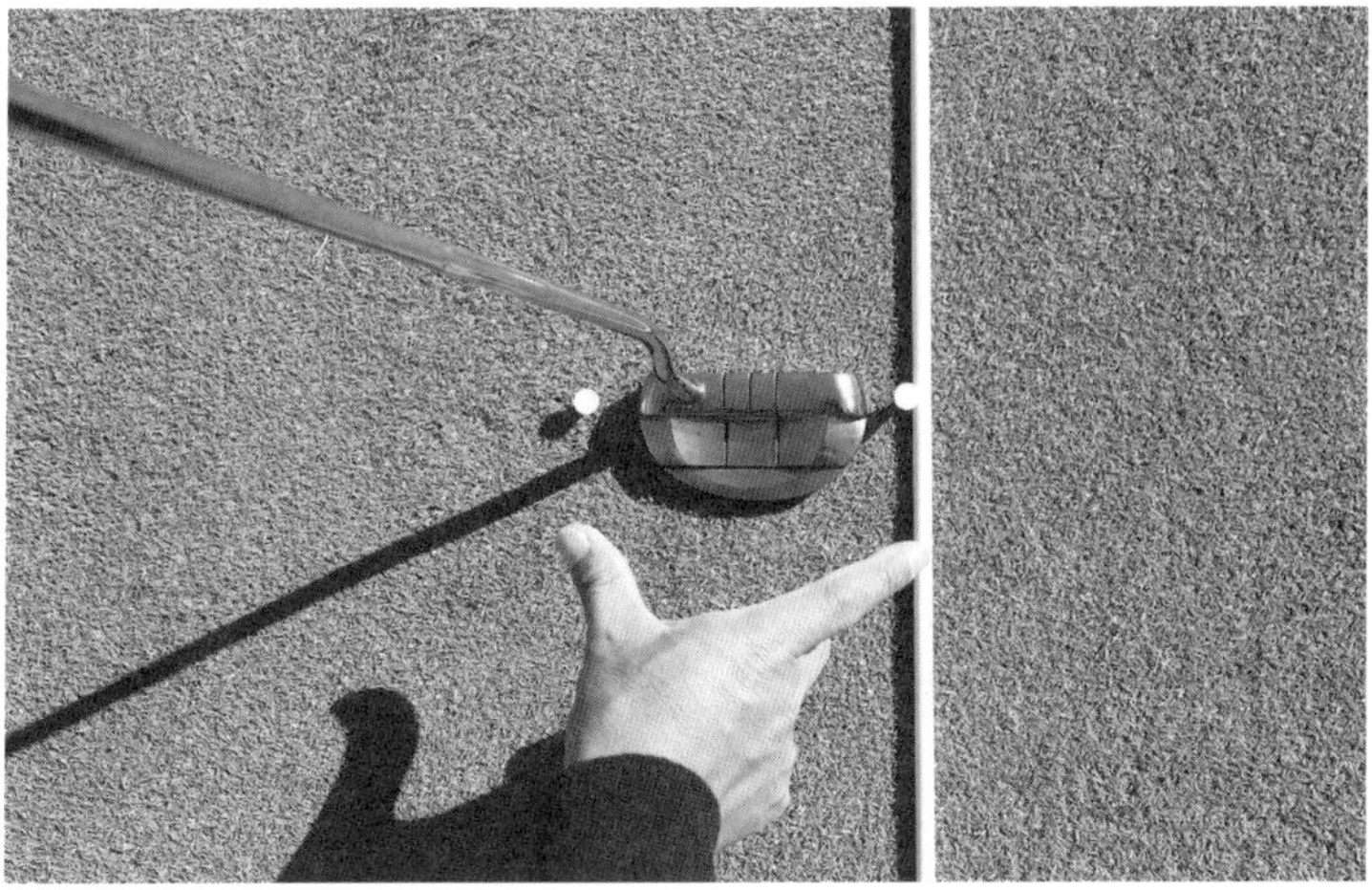

ヘッドをグリーンに置き、トゥ、ヒールからそれぞれボール半個分ずつ外側にティーを刺す

ティーに触れないように連続素振り。最初は小さい振り幅から始め、次第に大きくしていくのがポイント

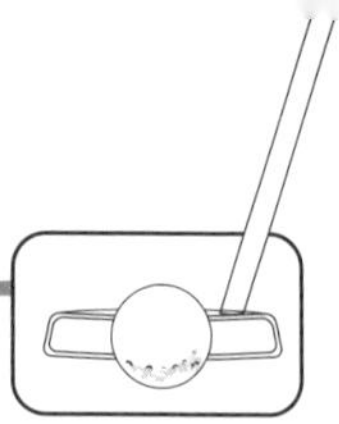

ドリル２
正確なアドレスが取れているかどうかを確認

練習時間	ドリル２の時間
5分	――
10分	――
20分	2分

打ち出したい方向に対して正確にアドレスが取れているかどうかをチェックしましょう。パッティンググリーンにボールを置き、ボールの80センチ先にマーカーを刺し、そのマークに真っすぐ打つつもりで構えます。構え終わったら、両足ツマ先を結んだ線にパターを置き、いったんアドレスを解いて、今度はボールとマーカーとを結んだ線上にスティック（アイアンでも可）を置きます。そうすると、グリーン上に2本の線ができますが、**その2本が平行になっているかどうかを確認**します。

平行になっていれば、きちんと目標に向かって構えることができている証拠。両足ツマ先のラインに置いたスティックが左右どちらかを向いていれば、構えた方向が間違っているということになります。**自分の感覚と実際の向きがズレている場合は、そのズレをしっかり矯正しておきましょう。**

両足ツマ先を結んだ線と、ボールと目標を結んだ線が平行になっているかどうかをチェック

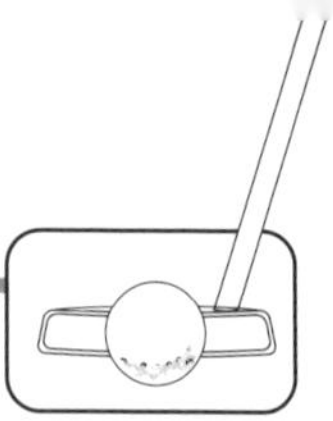

ドリル3 大きな振り幅でも真っすぐ打ち出せるかどうかを確認

練習時間	ドリル3の時間
5分	—
10分	—
20分	3分

メトロノームでテンポを確認しながら、目標に向かって正確に打ち出せるかどうかをチェックします。

ボールの先、80センチのところに置いたゲート（ボール2個が通る幅。ティーペグを2本立てて通り道を作っても可）に向かって構え、ロングパットの振り幅でも通過できるようにチェックしておきます。

5メートル程度の振り幅では、ゲートを通すのに苦労しなかったはずですが、10メートル先となるとそう簡単にはいきません。**振り幅が大きくなるとヘッドの軌道もブレやすくなり、ゲートを通すことが難しくなる**からです。

その大きなストロークをしたときのブレ幅をできるだけ抑えるためにやるのがこのドリルです。本番前に、**10メートル以上でも真っすぐ打てるように練習をしておきましょう。**

ゲートはボールから80センチ先に置き、ロングパットの振り幅でもゲートを通過できるよう練習（ゲートの先にバッグを置いておくとよい）

メトロノームのテンポ（65ビート）に合わせてストローク。スマホのアプリ＆ブルートゥースの利用がお勧め

ドリル４

リピートトライで距離感をチェック

練習時間	ドリル４の時間
5分	――
10分	2分
20分	3分

次に**「リピートトライ」と呼ばれるドリルで距離感をチェックします**。ボールを前後に2個並べ、手前のボールを自分の好きな振り幅で打ちます。そして、そのあと絶対にボールの行方を追わないこと。目線はボールのあったところに置いたまま2～3秒かけて、自分がどれくらい転がしたかを記憶します。次に1歩前に出て、2つめのボールを1球目と同じ強さで打ち、ここで初めて2つのボールがどこに止まっているかを確認します。**大事なのは、1球目を打ったあと、そのストロークの記憶を体に残すこと**。その記憶が体に残っていれば、2つ目のボールもほぼ同じ強さで打てるはずです。

なぜ、このようなドリルをするかというと、**この記憶こそが距離感の源であり、これをやることで自分の中にある距離感が覚醒する**からです。普段の練習でもやっておきたいドリルですが、ラウンド前は必ずやるようにしましょう。

1球目を打ったあと、ボールの行方を追わずに2球目を打つのがポイント。技術的には、「芯を外さない」、「握力を変えない」、「振り幅を変えない」、「テンポを変えない」で打つことがリピートトライ成功のカギ。練習時は、スマホをポケットに入れ、ブルートゥースでイヤホンからテンポを確認することも忘れずに

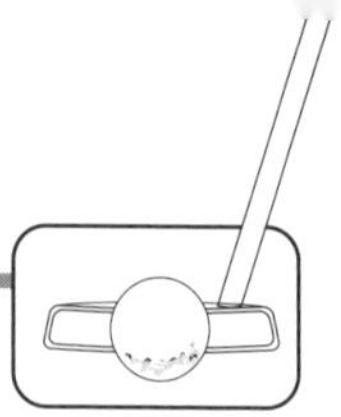

ドリル5

上りと下りのラインで距離感をコントロール

練習時間	ドリル5の時間
5分	―
10分	―
20分	3分

ラウンド前には、**上り下りのコントロール練習をしておきましょう**。パッティンググリーンの中で8～10メートル前後の〝真っすぐの上り（下り）〟を探し、そのラインの両端に目印（ティーを刺すなど）を置きます。あとは、その2点から交互にボールを打つだけです。

このドリルで大切なのは、打つ前に必ずターゲットを見ること。そして、上りの場合は、見た目よりも少し強めに打つ、逆に下りの場合は見た目より少し弱めに打つといったように、**もともとの距離にだまされることなく、打つ強さをコントロールすることを学習しましょう**。

なお、このドリルをするときは、**必ずストレートラインでやる**ようにしましょう。少しでもスライス、フックが入っていると、方向性に意識が奪われてしまいます。真っすぐのラインで距離感だけに集中してやるようにしてください。

8～10メートル前後のストレートでアップダウンのあるラインを探し、その両端から上りはどれくらいプラスするか、逆に下りはどれくらいマイナスするかを考えながら打つ

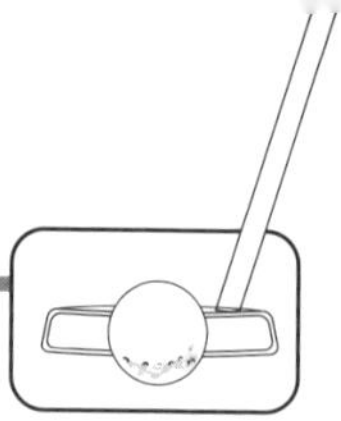

ドリル6・7

曲がるラインで頭の体操 軽い曲がりを沈めて終了

練習時間	ドリル6の時間
5分	3分
10分	4分
20分	4分

練習時間	ドリル7の時間
5分	2分
10分	3分
20分	4分

次は、8~10メートル前後のスライスライン、フックラインを見つけて打ちましょう（ドリル6）。一見、「自分が読んだ傾斜に対してどれくらい曲がるか」という予想の練習のようですが、実は違います。これは、**曲がるラインに相対したときも距離感に集中して打つことができるようにするトレーニング**です。

なぜ、このような練習が必要かというと、多くのゴルファーは曲がるラインに対峙したとき、ついついその曲がり具合に気を取られて、**距離感を失ってしまう傾向がある**からです。そういう意味では、技術の確認というよりは、**頭のトレーニング**と言ってもいいでしょう。

これまで何度も言ってきましたが、曲がるラインへの対策（打ち出す方向の決定）は、構えたときに終わっていなければいけません。構えたら、距離感だけに集中して打つというのが鉄則です。

ドリル6は頭のトレーニング。8～10メートルの曲がるラインでも距離感に集中して打てるようにしておこう

ドリル7は、軽い曲がりのショートパットにトライ。技術的にはヘッドアップに注意。必ずカップインして終わろう

最後は、ショートパットで仕上げを行います（ドリル７）。距離に関しては、それぞれのレベルで決めてもらって結構です。１メートルがショートパットだと思う人は１メートルで、１・５メートルを短いと感じる人は１・５メートルで。ただし、その長さに関係なく、**必ずスライスライン、フックラインの両方（狙い目がカップいっぱい程度の軽いラインでＯＫ）でやっておく**こと。そして、その日はどちらのほうがスムーズにパッティングできるかを確かめておきましょう。

仕上げなので、カップインさせることも大事です。心地良い音を響かせて、スタートホールのティーに向かいましょう。

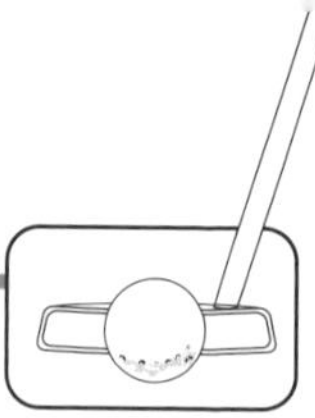

特別編 パッティンググリーンでの下手固めに注意

ラウンド前のパッティンググリーンでの練習はとても大事なことですが、アマチュアゴルファーの中には、**たっぷり時間をかけて、〝下手固め〟**をしている人も少なからずいます。

たとえば、フックライン。ボール3個を同じ場所に置き、ラインを読んで、そのフックの度合いに合わせて右を向いて構えてストロークをするというのが一般的な練習方法です。問題は、ここから。そのボールがカップに入ればそれでいいのですが、どちらかに外れる場合もあるでしょう。もし、思ったよりもフックが強くて左に外れた場合、皆さんはどうしますか?

プロや上級者ならば、「思ったラインとは違ったな」という思いを抱きながら、それを確認するかのように3球とも同じところに外すケースもあります。また、**「どうしても入れたい」場合は、一度アドレスを解き、もう一度後方からライ**

フックラインで思っていたよりもボールが切れたとき、アドレスを変えずにカップに入れようとするのは厳禁。こういうことをやっていると、“やってはいけないストローク”が体に記憶されてしまう

ンを読み直してアドレスに入り、前回とは違った方向に打ち出してカップインを狙うはずです。

しかし、アマチュアゴルファーの場合、**アドレスをまったく変えないで、ボールだけを右に打ち出してカップに入れようとする人が結構います。**これをやるには、インパクト〜フォロースルーでフェースをオープンにしながら、押し出すように打ち出さなければならず、かえって**〝やってはいけないストローク〟が体に記憶されます**。これこそ、〝パッティンググリーンでの下手固め〟。もしカップに入れたいと思うなら、必ずアドレスを取り直しましょう。

おわりに

皆様もご存じのように、ゴルフの面白さ、奥深さは計り知れません。たとえば練習場で必死に練習をして、9番アイアンで放ったボールがピンに向かって真っすぐ打ち出せる技術が身に付いたとしても、その球が風で曲げられたり、風で距離を落とされたり、時には逆に風で飛び過ぎたり、ラフや傾斜の影響で曲がったり…。数多くの理不尽が襲いかかるため思うようにはいきません。しかし、ゴルファーはそれに屈することなく、他力による変化を打つ前に予想して対処しようとする、いわゆるマネージメントを行うわけです。

この、芯でとらえ、真っすぐに打ち出す技術と、他力によって起こるであろう変化を予想しながらプレーを進めるのがゴルフというスポーツの醍醐味であり、それが思い通りに叶ったときゴルファーは至福の喜びを味わうことになります。

そんな読み（ゲーム性）と技術（スポーツ性）の融合したスポーツであるゴルフの入口（登竜門）とも言えるのが、パッティングです。グリーンの起伏は不変なので、〝読み〟を磨くのにはもってこい。そして、そこで磨いた読みが、その人の感性となり、他のショットの進歩も促すのです。

本書は、「ゴルフが上手くなりたい」ゴルファーの夢を、効率良く、しかも確実に実現してもらいたいと願いながら書き進めました。皆様の技術と感性の向上に、またスコアアップに少しでもお役に立てれば幸いです。

ＰＧＡティーチングプロＡ級
松本哲也

松本哲也（まつもと・てつや）

1971年愛媛県宇和島市出身。日本プロゴルフ協会（ＰＧＡ）ティーチングプロＡ級。宇和島東高卒業後、東京ゴルフ専門学校で学ぶ。「2015ティーチングプロアワード」で「感育～感性を育てる上達術～」を提唱し、最優秀賞を受賞。ＰＧＡ所属のティーチングプロ4000人の頂点に立った。千葉県柏市のガーデン藤ヶ谷ゴルフレンジ所属。他の主な活動拠点として手賀ノ丘ショートコース、流山ゴルフセンターがある。RIZAP GOLF コンサルティング契約。『夕刊フジ』に「感性を育てる」、『ゴルフレッスンコミック』（日本文芸社）に「哲先生のGOLFラボ～感育のススメ～」を連載。

とことん上手《うま》くなる！ パッティング家練《いえれん》メソッド

2018年4月5日　第１刷発行

著　者　松本《まつもと》　哲也《てつや》

発行者　中村　誠

印刷所　暁印刷株式会社

製本所　鶴亀製本株式会社

発行所　株式会社日本文芸社
〒101-8407 東京都千代田区神田神保町1-7
TEL 03-3294-8931［営業］, 03-3294-8920［編集］

Printed in Japan　　112180319-112180319Ⓝ01
ISBN978-4-537-21553-3
URL https://www.nihonbungeisha.co.jp

編集担当・三浦